戦略論とDXの交点

DXの核心を経営理論から読み解く

ベイカレント・コンサルティング

則武譲二 他

東洋経済新報社

はじめに

デジタルトランスフォーメーション（DX）の目的は、経営戦略を実現し、企業ミッションを果たすことにある。

この主張に異論のある方はいないだろう。しかし、この基本をどこまで実践できているだろうか。

大半の企業では、経営戦略の拠り所となる「戦略論」（経営理論やフレームワークなど）と「DX」を密に結び付けることなく、デジタル技術による企業変革方針の検討や施策の具体化が推し進められている。だがDXが経営のメインテーマとなった今、2つの論が「なんとなく」のつながりしか持たずにいるこの状況を見過ごしてよいわけがない。

この大きな問題意識のもと、我々ベイカレント・コンサルティングは「戦略論とDXの交点」について研究を進めてきた。

戦略論の厚みが増している

戦略論は先達の英知の結晶である。

古くはアメリカの経営学者、イゴール・アンゾフから始まった経営戦略論は、ポジショニング派とケイパビリティ派が論を戦わせながら、イノベーション理論、アダプティブ戦略論へと進化を続けている。そして、その過程で多くのフレームワークや方法論が生み出され、経営の現場で活用されてきた。近年では、経営学者が提唱するアカデミックな理論との結び付きも深まり、戦略論はその厚みをさらに増している。

例えば、経営理論の一つである知の探索・知の深化の理論は、両利きの経営というコンセプトに昇華され、注目を集めている。知の探索とは、自分の現在の認知の範囲外にある知を探索し、それを今自分が持っている知と新しく組み合わせること。知の深化とは、探索による新たな知の組み合わせが事業機会になりうるならば、それを徹底的に深掘りし、収益化していくことを指す。知の探索・知の深化に基づく両利きの経営は、事業ポートフォリオ戦略と密接に関係するものであり、事業ポートフォリオを検討するにあたっての思考の拠り所ともなっている。

これ以外にもダイナミック・ケイパビリティ理論が組織戦略論をさらに進化させるなど、実用性を重視する戦略論とアカデミックな経営理論が影響を与え合いながら、お互いの進化を加速させている。

DXの深みも増している

DXについては、様々な切り口から、多くの提言がなされてきた。切り口は顧客体験（CX、Customer experience）やマネタイズ、オペレーション、データなど多岐にわたる。

その中身はと言えば、DXという言葉が広まり始めた2010年代中頃は、ディスラプターを中心とした最新事例の研究が主だった。その後、大企業においてDXの取り組みが進むにつれ、試行錯誤の過程で得た知見が、IMD（国際経営開発研究所）やマサチューセッツ工科大学などの研究機関、主要なコンサルティングファームによって体系化されていく。その体系化されたDX論が現場で実践され、日々見直されているのが現在だ。

DXは机上の仮説から、現場での実体験などに裏打ちされたものへと着実に深みを増している。

見えにくい戦略論とDXの交点

ＤＸの体系化が進む一方で、最近のＤＸ論には共通する物足りなさがある。技術的なブレイクスルーや、アジャイルなどの方法論にばかり光が当てられ、肝心の企業戦略や事業戦略を組み立てている戦略論との結合が弱いのだ。

多くのＤＸ論は、人工知能（ＡＩ）などの新しい技術でできるようになることに重点が置かれていたり、ＣＸや２０２５年の崖、データ活用などの個別テーマにフォーカスして展開されている。

もちろん、できることの幅や深さが広がることや、ＤＸを進めるうえでの個別テーマの重要性は否定しない。だが何より肝要なのは、新たにできるようになることや、個別テーマの処方箋を企業戦略や事業戦略の実現にどう落とし込み、どう生かすかではないだろうか。

繰り返しになるが、ＤＸの目的は、経営戦略を実現し、企業ミッションを果たすことにある。戦略論と交わらないＤＸでは、「弱い」のである。

企業戦略、事業戦略、組織戦略の3つのレイヤーから交点を探る

本書では、戦略論とＤＸの交点を見いだすべく、企業戦略、事業戦略、組織戦略の３つのレイヤーに分けてアプローチしていく。

まず序論として、交点を探るうえでの我々の「こだわり」を説明する。また、こだわりを伝える中で、以降で用いる概念や用語の定義も行い、交点を探る準備を整える。

そして、最初の交点の考察に入る。まずは、企業戦略論とＤＸの交点だ。

事業ポートフォリオ論と、本書で提言するデジタル技術を活用した企業変革の２つのモードを結合させ、さらにリソース・ベースト・ビューを絡めながら、企業戦略論とＤＸの交点を探っていく。デジタル技術で企業を変革していくという観点で、企業がたどり着くべき「営み」と、その「営み」に至るためのステップを提言する。

続いて、事業戦略論とＤＸの交点である。

ここではビジネスモデル論とＤＸを交わらせ、ビジネスモデルごとに「効く」デジタル施策を解き明かし、それぞれの潜在利益インパクトも定量化していく。

まずは、列挙に終わりがちなビジネスモデルを体系的に整理し、各ビジネスモデルの収益ドライバーを突き止める。そして、そのドライバーに「効く」デジタル施策とそのインパクトの大きさを、サーベイに基づいてあぶり出していく。

最後は、組織戦略論とDXの交点に迫る。企業は組織として〝慣性〟を持っている。企業戦略や事業戦略を支える組織・人材を大きく変革することは、その組織慣性を方向転換することとも言える。組織戦略論との交点では、この組織慣性への挑み方の体系化を試みる。組織の進化理論、特に「組織ルーティン」の概念を軸に、組織慣性への切り込み方を明示し、組織心理学を交えながら組織慣性を変える具体策まで掘り下げていく。

これらの考察や仮説立案を通じて、デジタル組織を中心とした企業組織の構造や制度の最新動向の裏にあるメカニズムを紐解くことができる。このメカニズムの解明をもって、戦略論とDXの交点を探る旅のひとまずの締めくくりとしたい。

皆さんにとって、今や戦略論はビジネスを推し進めるうえで当たり前のように使っている「思考の拠り所」となっているはずだ。戦略論とDXを交わらせることで、その「思考の拠り所」をこれからも長きにわたって皆さんの頼りとなるものへとアップデートしたい――その試みが価値あるものとなるか。読み進めながら見極めていただければ幸いである。

2021年7月

ベイカレント・コンサルティング　代表取締役社長　則武譲二

目次

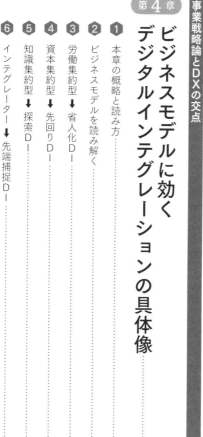

事業戦略論とDXの交点

第4章

ビジネスモデルに効くデジタルインテグレーションの具体像……135

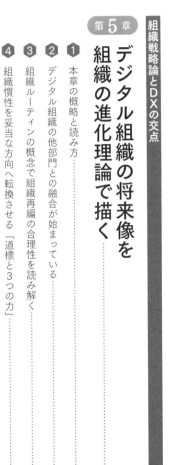

組織戦略論とDXの交点

第5章

デジタル組織の将来像を組織の進化理論で描く …… 229

第1章

交点を探るにあたっての「こだわり」

1 3つのこだわり

DXの目的は、経営戦略を実現し、企業ミッションを果たすことにある。そのための戦略論とDXの交点を探るにあたっては、貫き通さなければならない3つのこだわりがある。

①点ではなく営みを目指す
②変革は2つのモードに分けて進める
③最先端を解き明かす

まずは、これらの「こだわり」の概観から始めたい。

① 点ではなく営みを目指す

「DXを成し遂げる」という言葉をよく耳にする。しかし、この表現は本質からずれている。ずれている理由は、「企業経営とは何か」を考えれば見えてくる。

企業経営とは、絶えず変化する経営環境の中、売上や利益を上げ続けられるよう企業を変え続ける「営み」である。企業倒産や企業売却などを除けば、最終目的地、すなわち目指す

「点」があるものではないのだ。

DXも同じだ。DXが企業経営をデジタル技術で変え続けていくものだとすれば、同じく「点」を目指すのではなく、「営み」を目指すべきなのである。したがって、戦略論とDXの交点は、「営み」を目指して探っていかなければならない。

② 変革は2つのモードに分けて進める

デジタル技術を道具として活用しながら、企業を変え続けていく営みを目指すのだとすれば、次に意識すべきは道具を使って企業をどう変えるかだ。デジタル技術を活用した変革は、どれもこれも「DX」と一括りにされがちだが、変革には2つのモードがある。

2つのモードは、デジタルインテグレーション（DI）と、デジタルトランスフォーメーション（DX）だ。

デジタルビジネスモデルの転換を伴っているかどうかで枝分かれする。

DIとは、デジタル技術によるビジネスモデル要素の高度化だ。ビジネスモデルそのものは変えず、ビジネスモデルを構成する要素をデジタル技術でより磨き込んでいく。

対してDXとは、デジタル技術によるビジネスモデル要素の転換を指す。戦う市場やビジネスモデルを変えるほどの変革をしてこそ、トランスフォーメーションと呼ぶにふさわしい。

以後、交点を探っていく際には、変革を2つのモードに分けて進めることが欠かせない。採用する企業戦略によって歩むべきモードが変わってくるからであり、モードが変われば事業戦略や組織戦略も変わってくるからだ。

詳細は後述（23ページ参照）するが、2つのモードが存在することは頭に刻み付けておいてほしい。

③ 最先端を解き明かす

「ウチのDXはどの程度進んでいるのか」「先進企業が先進たる理由はどこにあるのか」――多くの企業が当然のごとく抱く疑問だろう。DXの目的である経営戦略の実現に向けて、当面の到達地点とそこまでの距離感を、背景とともに認識しておく必要がある。そのために必要なのが、最先端企業のレベルを知り、そのレベルに到達しているメカニズムを解き明かしておくことだ。

加えて、点ではなく営みを目指す以上、最先端を解き明かす活動を絶えず続け、目指す到達地点をアップデートしていく必要がある。これも交点を探るうえで貫きたいこだわりだ。

以上が、３つのこだわりの概観である。ここからは、こだわりを順に深掘りしながら、交点を探る準備を整えたい。

2 ①点ではなく営みを目指す：目指す「営み」とは何なのか

企業経営とは、絶えず変化する経営環境の中、売上や利益を上げ続けられるよう企業を変え続ける「営み」である。DXの文脈で言えば、営みとは絶えず進化するデジタル技術を活用し、売上や利益を上げ続けられるよう企業を変え続けることと言える。

では、企業を変え続けるとはどういうことだろうか。それを紐解くには、企業における戦略とは何かを理解する必要がある。

企業における戦略とは何か

DX戦略、営業戦略、IT戦略など、安易に「戦略」を語尾に付けた言葉をよく目にする。この現象の背後には「戦略」という言葉の聞こえの良さがあるのだろうが、一方で「戦略」という言葉を簡潔・明瞭に定義できている人はどの程度いるのかという疑問が残る。

当然、戦略論を題材に取り上げる本書では、「戦略」という言葉を曖昧なまま使うわけにはいかない。本書では、「戦略」を次のように定義する。

戦略の定義

特定の組織が何らかの目的を達成するために選択した行動オプション、および選択したオプションへの経営資源の配分。

戦略の定義を詳細化し始めれば様々な意見があることは承知しているが、この粒度で定義するのであれば異論の余地はないだろう。加えて、企業における戦略の理解を深めるには、戦略という概念の定義に加え、戦略を立案・実行するレイヤーが分かれていることも知っておく必要がある。企業戦略、事業戦略、組織戦略というレイヤーである（図表1－1）。

〈企業戦略〉

◉企業ミッション、およびそのミッションに照らして組む事業ポートフォリオ。
◉事業ポートフォリオとは、企業を構成する複数の事業ごとに、事業ミッション、戦う市場と目指すポジション、それらを実現するための経営資源の配分方針を定めたもの。
◉企業戦略は、企業全体の価値を個別事業の価値の単なる総和よりも大きくするためにあ

図表1-1　戦略の3つのレイヤー

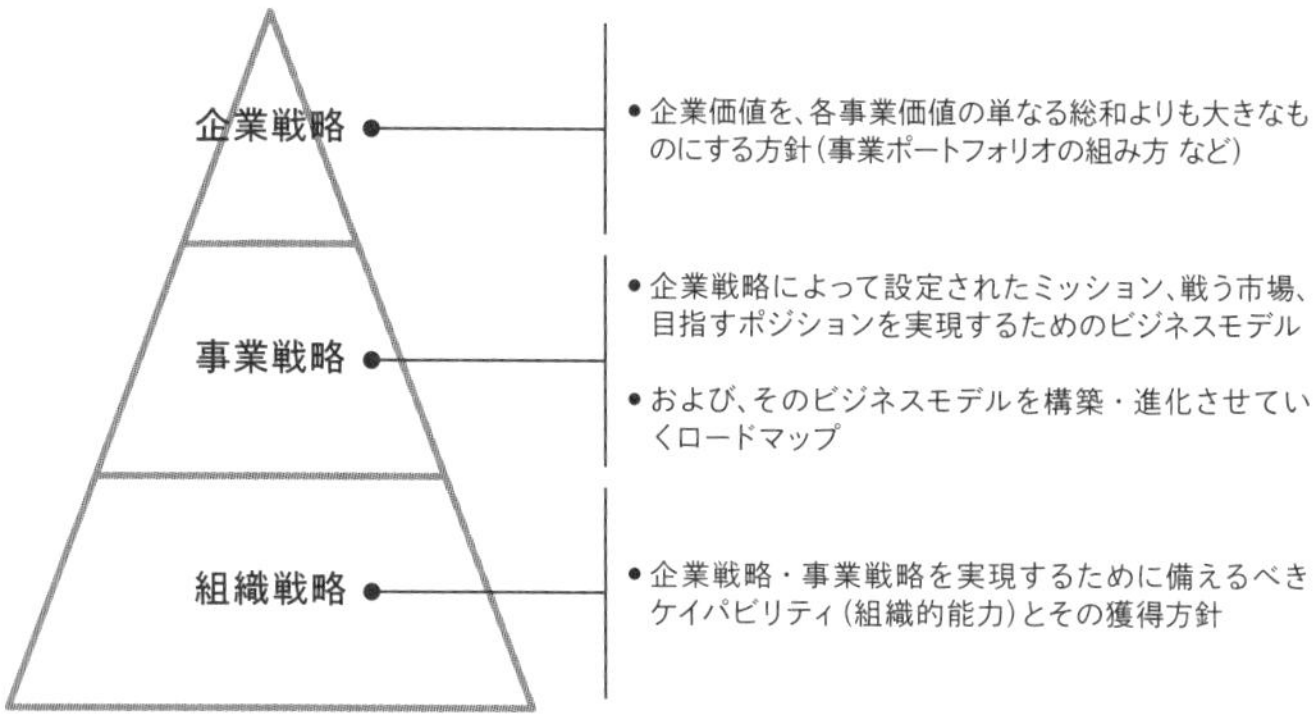
企業戦略
・企業価値を、各事業価値の単なる総和よりも大きなものにする方針（事業ポートフォリオの組み方 など）
事業戦略
・企業戦略によって設定されたミッション、戦う市場、目指すポジションを実現するためのビジネスモデル
・および、そのビジネスモデルを構築・進化させていくロードマップ
組織戦略
・企業戦略・事業戦略を実現するために備えるべきケイパビリティ（組織的能力）とその獲得方針

る。

〈事業戦略〉

◉企業戦略によって設定されたミッション、戦う市場、目指すポジションを実現するためのビジネスモデル。

◉そのビジネスモデルを構築・進化させていくロードマップ。

〈組織戦略〉

◉企業戦略・事業戦略を実現するために備えるべきケイパビリティ（組織的能力）とその獲得方針を定めたもの。

以上、戦略の定義とレイヤーを整理できたところで、目指す「営み」とは何かを明示していきたい。

図表1-2　各レイヤーで戦略をアップデートし続ける営み

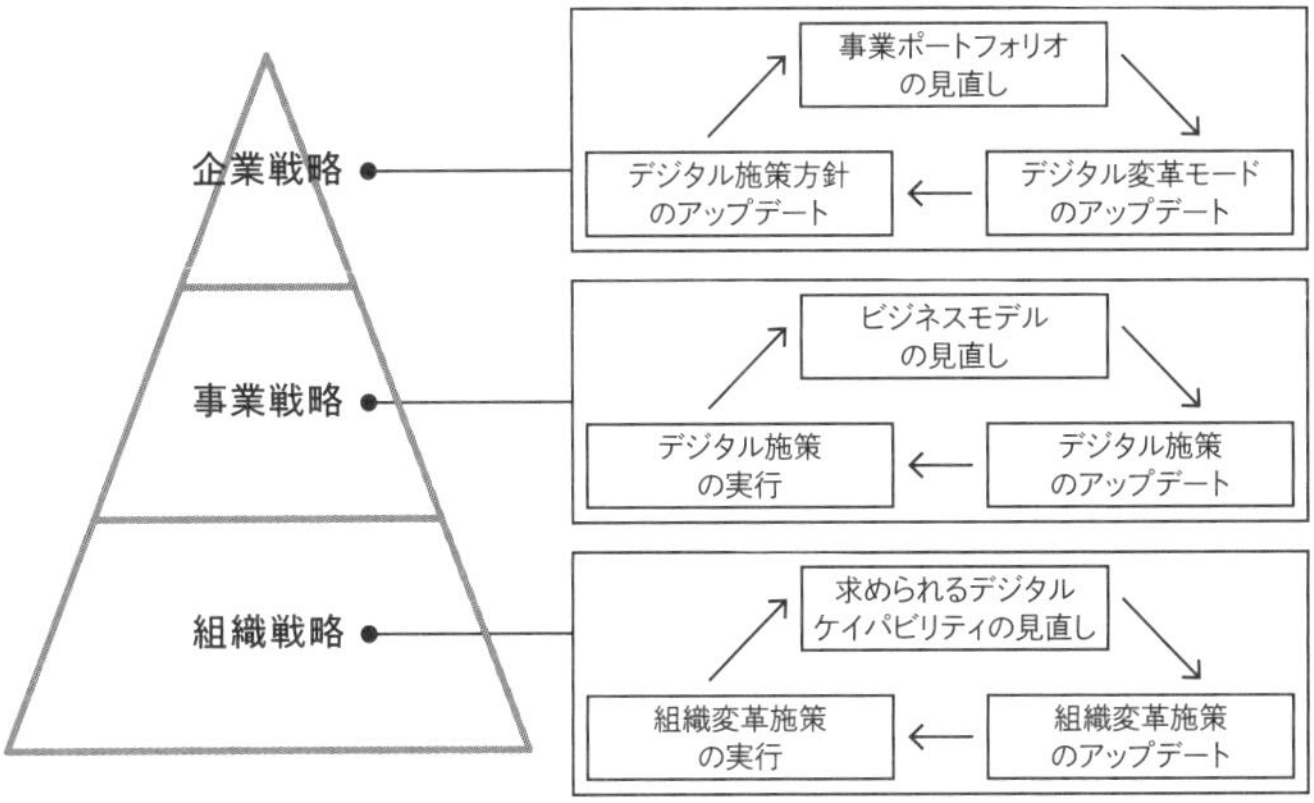

目指すは、デジタル技術を活用して戦略をアップデートし続けていく営み

先ほどDXの文脈での営みを、「絶えず進化するデジタル技術を活用し、売上や利益を上げ続けられるよう企業を変え続けること」と述べた。そのうえで、〝企業を変え続けるとはどういうことだろうか〟という問いかけをしてみたい。

ここで我々が考える一つの答えを述べたいと思う。企業を変え続けるとは、企業が歩む道筋、すなわち戦略をアップデートし続けること。戦略を立案し直し、新たな戦略を実行する。そのサイクルを回し続けていくことだ。アップデートの対象は、もちろん、企業戦略、事業戦略、組織戦略という各レイヤーにわたる（図表1－2）。

企業戦略のレイヤーで言えば、事業ポートフォリオを見直し、それを実現するためのデジタル変革モードと施策方針のアップデートサイクルを回すことであり、事業戦略のレイヤーで言えば、ビジネスモデルを見極め、どういったモデルで戦うかを固めたうえで、展開するデジタル施策をそのビジネスモデルに効くものへとアップデートするサイクルを回すことである。さらに組織戦略のレイヤーで言えば、求められるデジタルケイパビリティを見直し、それを備えるための組織変革施策をアップデートするサイクルを回すことなのだ。

これらは当然のことのように思うだろうが、この当然の営みを企業はどこまで実行できているだろうか。ＤＸが成し遂げるべきことを「点」だと思っている企業が多いのではないだろうか。目指すべきは「点」ではない。各戦略レイヤーで終わりなく続けていく「営み」なのである。

3 ②変革は2つのモードに分けて進める：モードの定義とモード分けの意義

ビジネスモデルの転換を伴っているかどうかで枝分かれする、デジタルインテグレーション（DI）とデジタルトランスフォーメーション（DX）の2つのモード。DIは、ビジネスモデルそのものは変えず、ビジネスモデルを構成する要素をデジタル技術でより高度にする。DXは、デジタル技術を活用してビジネスモデル要素を転換する。現在進行中のデジタル変革の取り組みが2つのモードのどちらなのかを見極めるために、はじめに整理しておかねばならない事柄がある。

それは、ビジネスモデルとは何か、そしてビジネスモデルはどのような要素で構成されているのかということだ。

ビジネスモデルとは

ビジネスモデルとは何かを定義することは意外に難しい。経営学者の間でさえ、ビジネス

図表1-3　ビジネスモデルの4つの要素

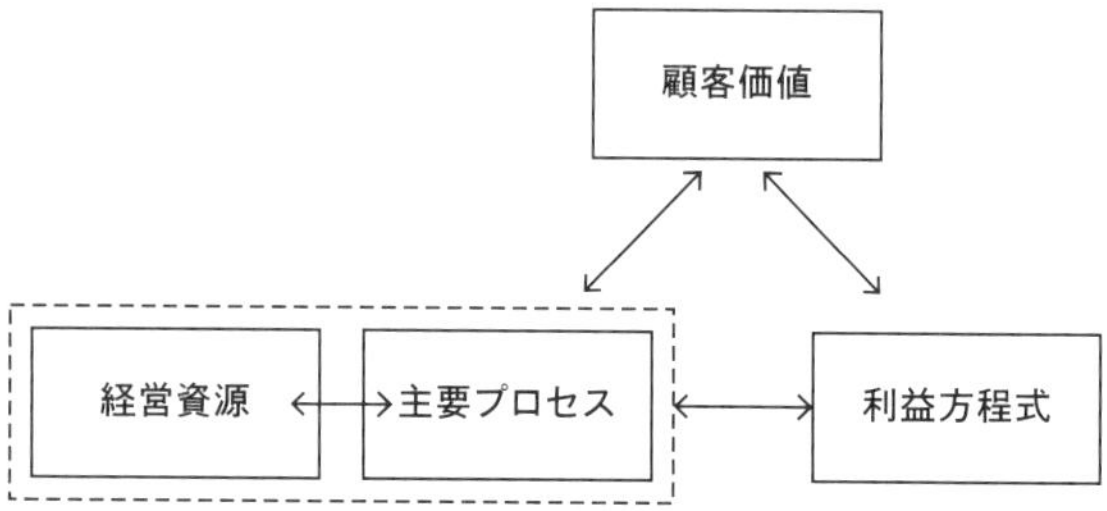

モデルの定義が収斂《しゅうれん》しているとは言い難い状況にある。だが、2010年にマーク・ジョンソンが提唱したビジネスモデルの定義に大きな異論のある人はいないだろう。

彼はビジネスモデルを、「顧客と企業の双方にとっての価値をどのように創造・提供するかを表現したもの」として、「顧客価値」「利益方程式」「経営資源」「主要プロセス」の4つの要素で説明した（図表1－3）。本書ではこの考え方に則り、ビジネスモデルを定義する。

ビジネスモデルの定義

「顧客価値」「利益方程式」「経営資源」「主要プロセス」の4つの要素で構成される価値提供と収益獲得の仕組み。

ビジネスモデルを構成する4つの要素

ビジネスモデルを定義したところで、それを構成する4つの要素を一つひとつ見ていこう。

〈顧客価値〉

◉顧客の課題をそれまでより有効に、あるいは確実に、便利に、安価に解決することを助ける商品やサービス、およびそれが有する価値。

◉顧客はその価値に一定の金銭的対価を支払う。

〈利益方程式〉

◉顧客・自社・株主にとっての価値を継続的に実現するための財務的青写真。

◉売上モデル、コスト構造、経営資源の回転率などで描かれる。

〈経営資源〉

◉顧客価値を実現するために必要な人材、施設や設備、資金、技術、チャネル、ブランド

図表1-4　DIとDXの定義

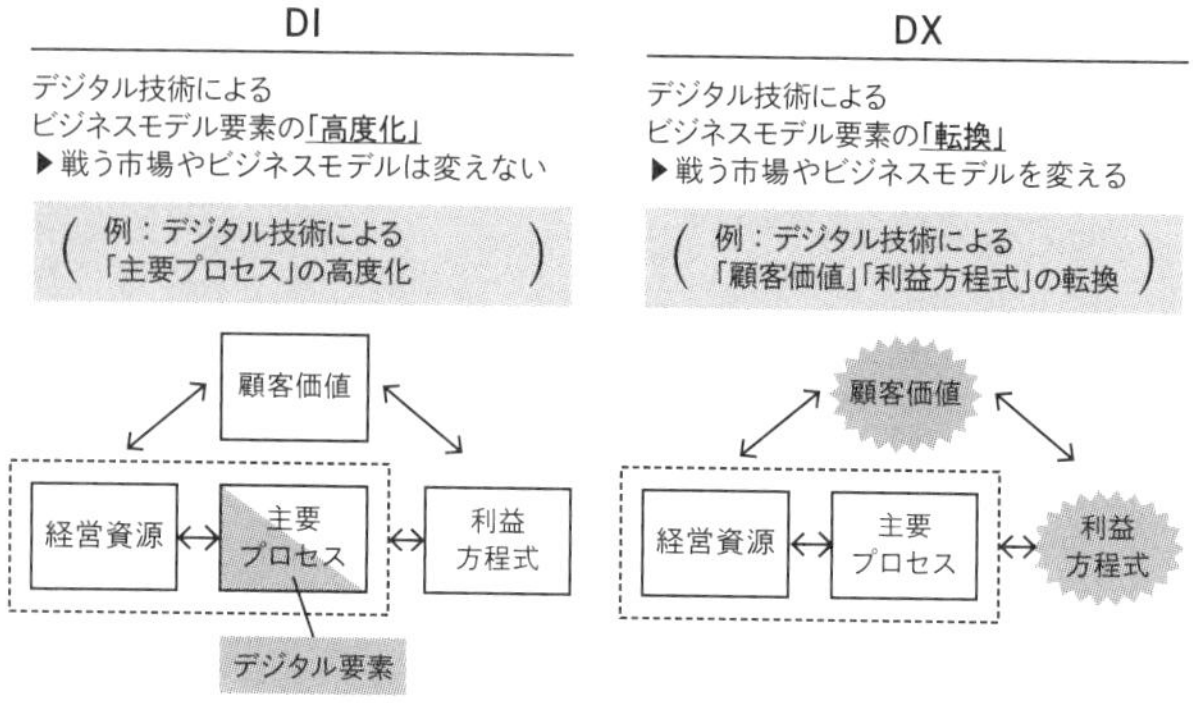
DI
デジタル技術による
ビジネスモデル要素の「高度化」
▶戦う市場やビジネスモデルは変えない
（例：デジタル技術による「主要プロセス」の高度化）
顧客価値
経営資源
主要プロセス
利益方程式
デジタル要素
DX
デジタル技術による
ビジネスモデル要素の「転換」
▶戦う市場やビジネスモデルを変える
（例：デジタル技術による「顧客価値」「利益方程式」の転換）
顧客価値
経営資源
主要プロセス
利益方程式

など。

〈主要プロセス〉

◉持続可能、再現可能、拡張可能、管理可能な形で、経営資源を動かし、顧客価値を実現するための手段。例えば、業務プロセスやそれを支えるルールや評価基準、行動規範などが該当する。

◉主要プロセスは経営資源を動かす手段のため、経営資源と密接に関係している。

これら４つの要素のいずれかをデジタル技術を活用してより高度にすることがＤＩ、異なるものに転換することがＤＸだ（図表１－４）。

なぜ、どちらのモードを歩むかを明確化しなければならないのか

企業戦略、事業戦略、組織戦略のそれぞれのレイヤーにおいて、モード分けは重要な意味を持つ。まず企業戦略や事業戦略のレイヤーで言えば、各事業が取り組むデジタル施策の方向性をモードとして定めることで、投下する経営資源の分散を防ぐことができる。ビジネスモデルの高度化と転換では打つべき施策がまったく異なってくるため、方向性をはっきりさせ、定めた方向へ経営資源を集中させる必要があるのだ。

では、組織戦略のレイヤーではどうだろうか。組織戦略は「企業戦略・事業戦略を実現するために備えるべきケイパビリティ（組織的能力）とその獲得方針を定めたもの」であるが、ケイパビリティを獲得するうえで乗り越えなければならない壁が、DIとDXでは異なる。

DIは主要プロセスを中心としたビジネスモデル要素の高度化となることが多いため、効率性・柔軟性に欠けるレガシーシステムや、着実なオペレーションへの過度なこだわりなどが立ちふさがることが多い。

一方で、顧客価値や利益方程式を中心にビジネスモデル要素を転換するDXでは、既存のビジネスモデルにしがみつく事業部門と対立しながらも、どう変革を進めていくのかが大き

なテーマとなる。

　このように壁が異なれば、組織変革に必要な打ち手も当然変わってくる。打ち手を誤らないためにも、各事業がどちらのモードに歩みを進めているのかを明確にしておくことには大きな意義がある。

　大きな意義を持つ2つのモード。これを使いこなすには、高度化と転換の境目を見極めることが肝心だ。ここからは、ＤＩとＤＸの好事例を追いながら高度化と転換の違いを明らかにしていきたい。

4

②変革は2つのモードに分けて進める：デジタルインテグレーションの好事例

ＤＩの好事例として、2社を取り上げる。ファーストリテイリングとサイバーエージェントだ。まずは、ファーストリテイリングのデジタル技術による「主要プロセス」と「顧客価値」の高度化から見ていく。

ファーストリテイリングにおけるＤＩ：全世界の倉庫を自動化

ユニクロを手掛けるファーストリテイリングは、彼らの「主要プロセス」である物流倉庫業務において、デジタル技術を活用し、劇的な省人化を達成している。倉庫の自動化は、全商品に貼り付けたＲＦＩＤタグとマテリアルハンドリング機器によって実現している。

まず、海外の生産地でＲＦＩＤタグが貼り付けられた商品が船便で日本に到着する。トラックによって有明倉庫の荷降ろし場に運ばれた商品は、自動入庫機でベルトコンベアに載せられ保管庫へと流れていき、ＲＦＩＤで自動検品される。人がハンディで1点1点バーコードを読み取る場合と比較すると、検品の作業効率は実に18倍。入庫生産性は80倍にもなる。

出荷工程も工夫が施されている。オーダーに応じて、クレーンが商品を棚から取り出す。出荷する商品と梱包用段ボール箱が作業員の手元に届くので、作業員は出荷指示書をタッチパネルで確認しながら商品を詰めていく。簡単な指導で作業が可能になるため、教育コストは80％削減された。

商品が段ボール箱に詰められた後は、ＲＦＩＤでの自動チェックが行われる。ＡＩを装備した自動梱包機により、段ボールの内容量によって蓋を閉める高さが自動調整される。これにより、なるべくコンパクトに梱包されるのである。出荷の最終工程では、方面別仕分けソーターが箱に貼られたバーコードに従って自動的に仕分ける。出庫生産性は19倍へと大きく向上した。さらにＡＩカメラによる遠隔監視を行い、24時間稼働も実現しているという。

これら一連の取り組みの結果、達成した省人化率は90％という驚異的な数字となっている。倉庫で物流業務を行うという点は変えないものの、デジタル技術を活用して劇的な生産性の向上を果たしたこの取り組み。「主要プロセス」をデジタル技術で高度化したのはもちろんのこと、商品の速く確実なデリバリーという形で「顧客価値」も研ぎ澄ます結果となった。紛れもないＤＩの好事例であり、今後は全世界の物流拠点へ展開される計画となっている。

サイバーエージェントにおけるＤＩ：
クリエイティブ制作プロセスをＡＩで一新

次に取り上げる企業は、サイバーエージェントである。主要事業はインターネット広告事業だ。そのインターネット広告事業の「主要プロセス」であるクリエイティブ制作プロセスを、デジタル技術で大幅に高度化している。プロセスの簡略化と、費用対効果の向上を実現したのだ。

まずは、ＡＩによる画像生成技術であるＧＡＮと、広告効果を予測できる「極予測ＡＩ」を用いて、企業やブランドごとに適したＣＧモデルを生成・選択する。極予測ＡＩとは、クリエイティブの広告効果を予測するＡＩであり、これを使う場合と使わない場合では、期待する広告効果を上げる割合に２・６倍もの開きがあるという。次に生成したＣＧモデルを３Ｄ化し、表情や髪型まで自由自在に変更できるように制作する。そして、つくり上げた３ＤＣＧモデルを、配信メディアやターゲティング方針に応じて、ＡＩで進化させるのである。

これによって、モデル選定やスケジュール調整、スタジオ環境整備、撮影などのプロセスが不要となり、加えて広告の費用対効果も上げられるため、成果報酬型の料金体系をとっているサイバーエージェントにとっては収益力の向上につながるのだ。また、顧客の目線から見ても、クリエイティブの質の向上によって獲得できるリードの質が高まるという「顧客価値」向上効果がある。

「主要プロセス」の流れと「顧客価値」の内容は変えないものの、デジタル技術を活用して大幅な高度化を果たしたこの取り組みも、ＤＩの好事例である。

5 ②変革は2つのモードに分けて進める：デジタルトランスフォーメーションの好事例

DXも、2社の好事例を紹介する。ダイキン工業と東京電力ホールディングス（以下、東京電力）だ。まずは、ダイキン工業のデジタル技術を活用した「顧客価値」と「利益方程式」の転換事例から見ていく。

ダイキン工業におけるDX：空調機器の売り切りからサブスクリプションのAaaSへと転換

ダイキン工業はAaaS（Air as a Service）を掲げ、B to Bのビジネスモデルについてデジタル技術を活用した転換を始めている。

具体的には、ビル・商業施設の空調設備を施設のオーナーに代わってダイキン工業が設置・保有し、IoT技術を活用して運営管理するサービスを展開している。それによって、「顧客価値」を従来の空調機器売りから、快適な空気を省エネで提供することへ転換するとともに、「利益方程式」もモノの売り切りから月額固定料金のサブスクリプションへと転換させている。

加えて、顧客にとっては、空調設備の導入・更新にかかる費用や手間の軽減、既存設備の使用状況に応じた空調設備のリノベーション提案などのメリットもある。

「顧客価値」と「利益方程式」のあり方を異なる性質のものへ転換しているのだ。非常にわかりやすいDXの事例と言える。

東京電力におけるDX：鉄塔や電柱をドローンの航路プラットフォームへ転換

東京電力はドローンハイウェイ構想を掲げ、既存の送配電事業の設備である鉄塔や電柱などを、ドローンが安全に飛び交うための航路プラットフォームへ転換することを模索している。

具体的な取り組みとしては、楽天ドローンとの、送配電網を航路にしたドローン配送の実用化が注目される。送配電網上の安全な飛行空域と、飛行中のドローンの状態や鉄塔で観測した風況情報を楽天ドローンへ提供するシステムであり、山間部における自律飛行での荷物配送実験に成功している。

このほかにも、NTTデータ、日立製作所とグリッドスカイウェイ有限責任事業組合を設立するなど、電力設備の上空を活用したドローンの航路プラットフォームを構築すべく取り組みを進めている。

「経営資源」を新たな「顧客価値」へ転用するDXの試みと言ってもよいであろう。

以上、DIとDXの事例を通じ、2つのモードの違いをよりご理解いただけたのではないだろうか。2つのモードを使い分ける準備が整ったところで、3つ目となる最後のこだわりへと歩みを進めたい。

6 ③最先端を解き明かす：最先端として何を解き明かすのか

戦略論とDXの交点により、何をどう解き明かせばよいのか。それを「継続的に」行える手応えがないと、点ではなく「営み」を目指すことはできない。

どう解き明かすかの詳細については各章に譲るとして、ここでは各章で何を解き明かしていくのかを、企業戦略、事業戦略、組織戦略のレイヤーごとに俯瞰する。

企業戦略レイヤーで解き明かす最先端：富士フイルムなどのDI／DXポートフォリオ戦略コマツに見るデジタル変革の3ステップ

企業戦略レイヤーでは、事業ポートフォリオ論とDX、およびリソース・ベースト・ビューとDXの交点を探る。

前者の事業ポートフォリオ論とDXをうまく交わらせている先進事例としては、富士フイルムホールディングス（以下、富士フイルム）、ブリヂストンの2社を紹介する。2社の事

図表1-5　富士フイルムの事業ポートフォリオとDI/DX

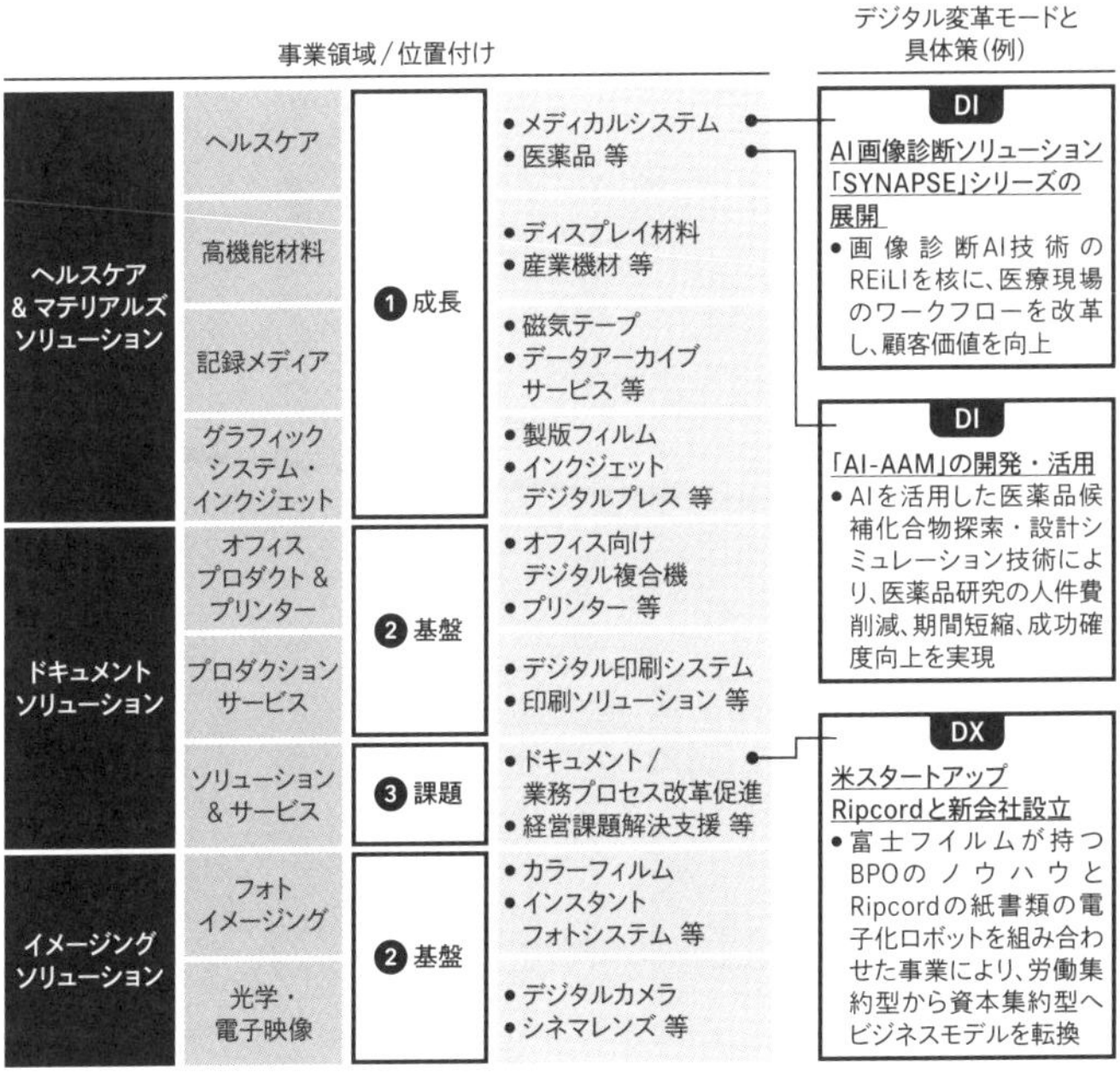

業ポートフォリオと主なデジタル施策を突き合わせることによって、事業ポートフォリオ戦略とデジタル変革のモードと施策が整合性をもって組み立てられている様を見ていく。図表1－5は、富士フイルムの事例の要約である。富士フイルムの事例の意味合いの解釈の仕方については、第2章後半（68ページ）をご覧いただきたい。

後者のリソース・ベースト・ビューとDXの交点としては、リソース・ベースト・ビューの考え方を概観しつつ、親和性の高いフレームワークとして活動システムに着目しながら、デジタル変革の3ステップを導出していく。3ステップの妥当性考察の一環として、小松製作所（以下、コマツ）の取り組みの歴史が、本書で提示する3ステップをたどっている様を見ていくこととしたい。図表1－6はコマツがたどったステップの要約である。こちらも意味合いの解釈の仕方については、第3章後半（106ページ）をご覧いただきたい。

事業戦略レイヤーで解き明かす最先端：
ビジネスモデルに適うデジタル施策の潜在利益インパクト

事業として取り組むモードがDI／DXのどちらであったとしても、どのようなビジネスモデルを展開していくかを決めた後は、それを加速させるためのデジタル施策を具体化する必要がある。

事業戦略レイヤーではその最先端として、ビジネスモデルごとに「効く」デジタル施策の具体例と、それに取り組んだ場合の潜在利益インパクトを提示する。

図表1－7は5類型・13種で整理したビジネスモデルとそれに対応する「効く」デジタル施策のコンセプト、およびそのコンセプトに属する施策を徹底的にやり切った場合の潜在利益インパクトである。また潜在利益インパクトは、弊社が行ったデジタル変革に携わる大企

図表1-6　コマツのデジタル変革の歩み

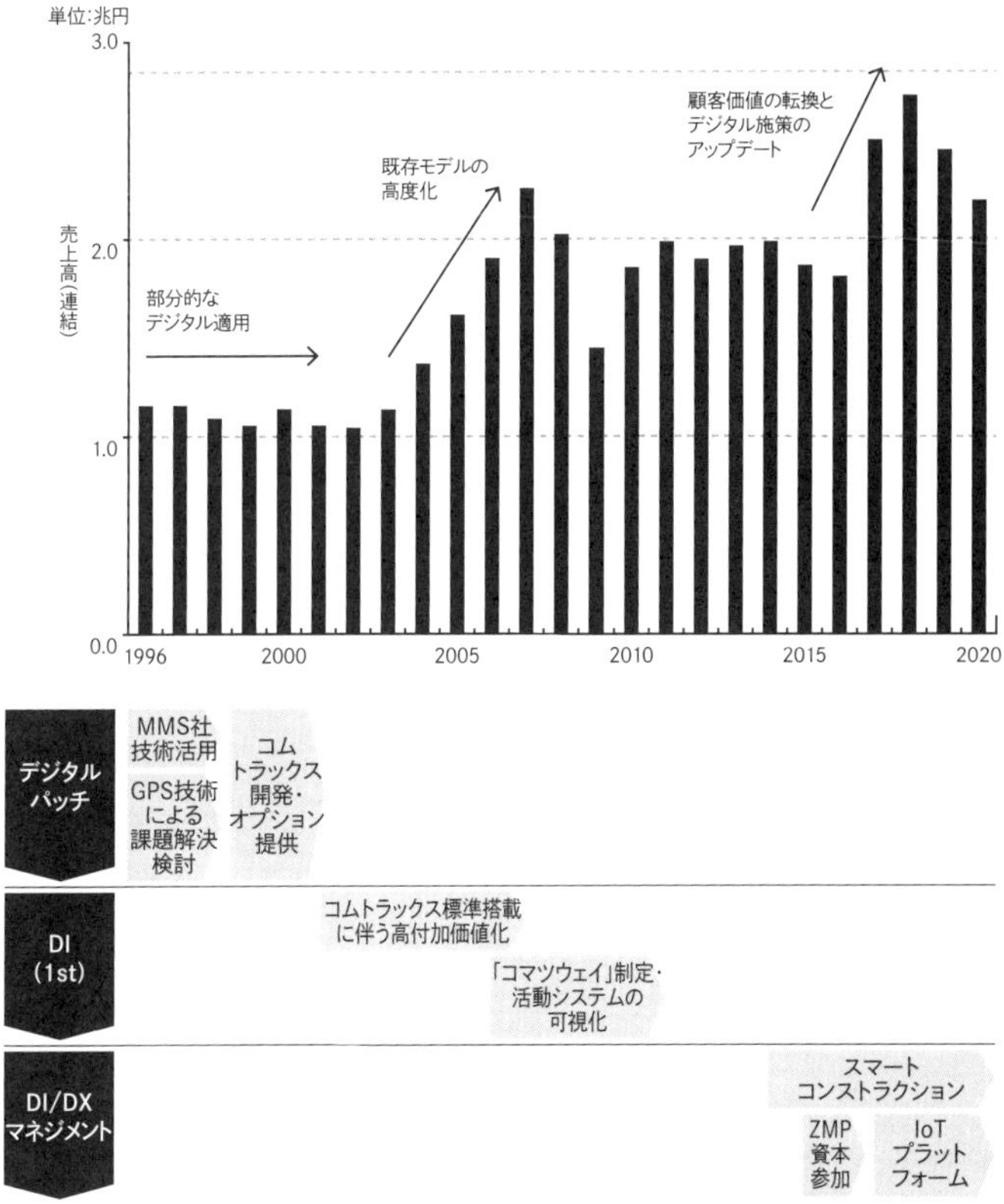
単位:兆円
3.0
2.0
1.0
0.0
売上高(連結)
部分的な
デジタル適用
既存モデルの
高度化
顧客価値の転換と
デジタル施策の
アップデート
1996
2000
2005
2010
2015
2020
デジタルパッチ
MMS社技術活用
GPS技術による課題解決検討
コムトラックス開発・オプション提供
DI (1st)
コムトラックス標準搭載に伴う高付加価値化
「コマツウェイ」制定・活動システムの可視化
DI/DX マネジメント
スマートコンストラクション
ZMP資本参加
IoTプラットフォーム

図表1-7　ビジネスモデル／DIコンセプトごとの潜在利益インパクト

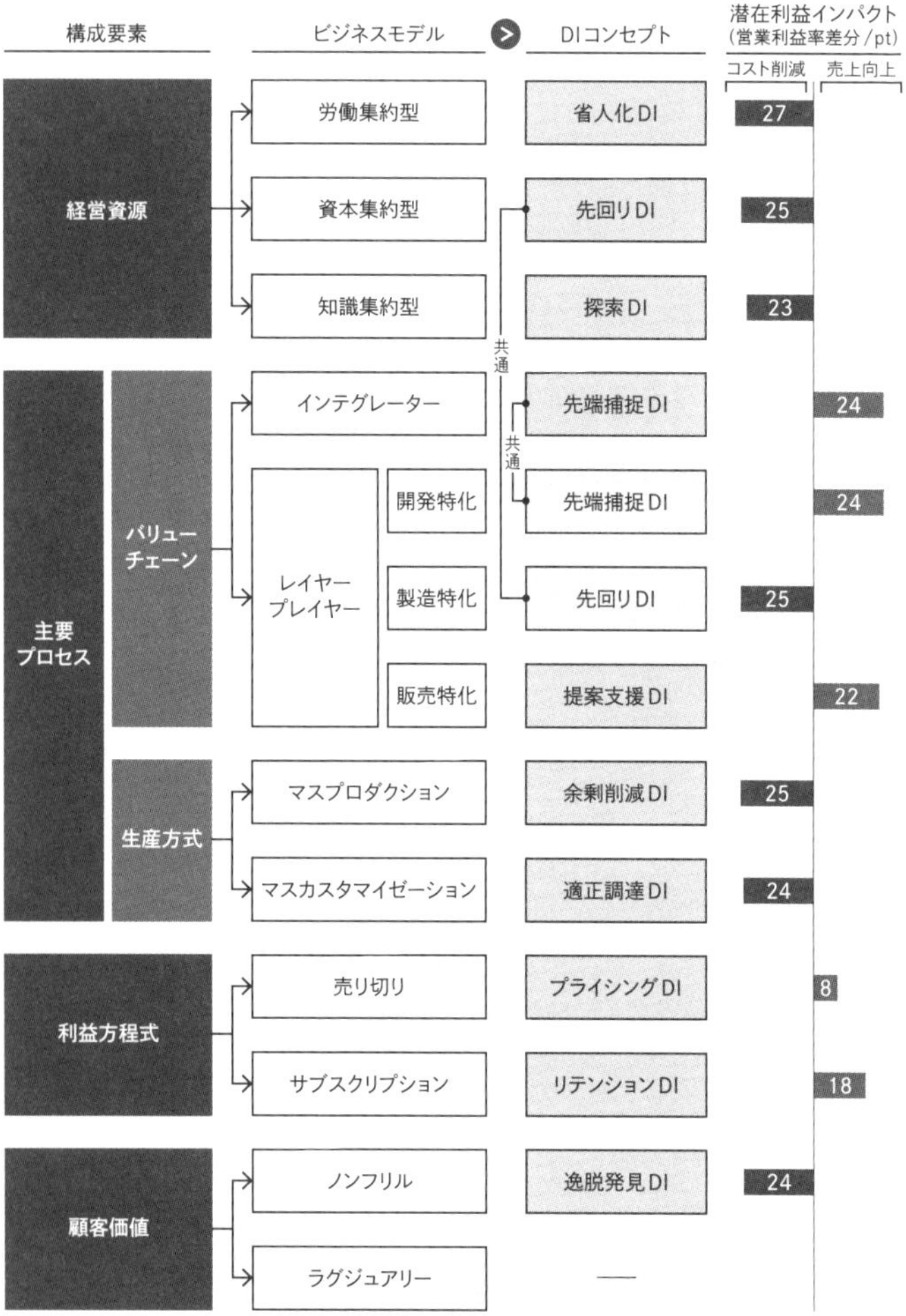

出所：ベイカレント・コンサルティングによるデジタル変革推進者向けサーベイ（n=1200）

業の管理職に対するサーベイを分析した結果である。それぞれの内容の詳細や導出方法は、第4章をご覧いただきたい。

組織戦略レイヤーで解き明かす最先端：先進企業における組織慣性の方向転換の試行錯誤

企業が組織として有する〝慣性〟を方向転換するには、経営トップのリーダーシップのもと、組織構造を適時・適切に組み替えるとともに、社員の思考・行動様式の刷新を促す施策を大胆かつスピーディに展開していく必要がある。

組織戦略レイヤーでは、組織慣性の方向転換へ果敢に挑んでいる企業の事例として、アフラック生命保険（以下、アフラック）とベネッセホールディングス（以下、ベネッセ）の取り組み、また、その取り組みが組織慣性の方向を転換しうるメカニズムについて解明する。

アフラックは「アジャイル」を軸に組織変革を進め、既に一定の成果を上げつつある。また、ベネッセはデジタルイノベーションパートナーズという新しいDX推進体制のもと、組織変革の手を矢継ぎ早に繰り出している。どちらも試行錯誤の途上にあるものの、多くの気づきを提供してくれる事例である。特にアフラックについては、チーフ・デジタル・インフォメーション・オフィサー（CDIO）である二見通氏との対談（267ページ）におい

図表1-8　アフラックとベネッセにおける「道標と3つの力」

		アフラック	ベネッセ
道標	理念	●コアバリュー（「創業の想い」、「The Aflac Way」、「企業理念」、「ブランドプロミス」）	●「よく生きる」の精神
道標	ストーリー	● DX@Aflac ▶DXの定義、取り組み、推進体制など ●アジャイル型の働き方の目的や原則	● DX戦略 ▶ 2030年に向けた目指す姿と提供価値 ▶ ベネッセの企業特性を踏まえたデジタル変革アプローチなど
3つの力	ミッションと評価	●アジャイルチームへの参画率100%を推奨 ●チームごとのKPIを明示 ●新たな評価体系により評価	●ミッションとKPIを再定義 ●新組織が人事権を持ち、KPI達成状況を人事評価に直結
3つの力	経営資源配分	●必要なアジャイルチームの組成をアジャイルに特化した経営会議で判断	●職種とスキルレベルを定義 ●デジタル人材の現状を緻密に把握 ●人的リソースの大胆な再配分を断行
3つの力	意思決定スピード	●数億円規模の決裁権限をアジャイルチームリーダーに委譲	●できるだけ組織のボトムに判断を委ねることで、意思決定スピードを担保

て、さらに踏み込んだ内容を伺うことができた。

図表1－8は両社の事例の概要を、弊社の組織慣性転換フレームワークに沿って整理したものである。第5章で詳説しているので、ぜひご覧いただきたい。

以上が、戦略論とDXの交点を探るにあたって貫き通さなければならない3つの「こだわり」である。これらのこだわりを胸に、まずは「企業戦略論とDXの交点」から考察していきたい。

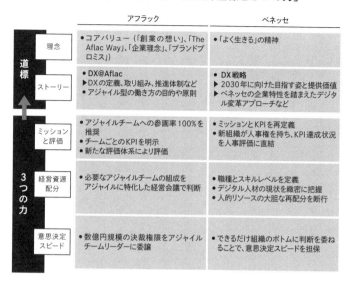

第1章のまとめ

●本章では、戦略論とDXの交点を探るにあたっての3つのこだわりを示した。
●こだわりの1つ目は、「点ではなく営みを目指す」ことである。
●企業経営とは、絶えず変化する経営環境の中、売上や利益を上げ続けられるよう企業を変え続ける「営み」を指す。したがって、DXで目指すべきは「点」ではなく、絶えず進化するデジタル技術を活用し、企業戦略・事業戦略・組織戦略のアップデートサイクルを回し続けていく「営み」であると言える。
●こだわりの2つ目は、「変革は2つのモードに分けて進める」ことである。
●デジタル技術を活用してビジネスモデルをどう変化させるかによって、デジタル変革はデジタルインテグレーション（DI）とデジタルトランスフォーメーション（DX）の2つのモードに分かれる。
●本書では、ビジネスモデルを「顧客価値」「利益方程式」「経営資源」「主要プロセス」の4つの要素で構成される価値提供と収益獲得の仕組みと定義する。
●これらビジネスモデルの4つの要素のいずれかをデジタル技術で高度化することがDI、異なるものに転換することがDXである。

●企業戦略・事業戦略・組織戦略のそれぞれにおいて、歩むモード（DI or DX）を明確化することが重要だ。採用する企業戦略によって歩むべきモードが変わり、モードが変われば事業戦略・組織戦略も変わってくるからである。
●こだわりの3つ目は、「最先端を解き明かす」ことである。
●経営戦略の実現に向けては、自社の現在地や目指す到達地点を背景とともに認識することが重要であり、そのためには最先端企業のレベルを知り、そのレベルに到達しているメカニズムを解き明かすことが求められる。また、点ではなく営みを目指す以上、絶えず最先端を解き明かし、目指す到達地点をアップデートし続けることが必要である。
●以降、企業戦略・事業戦略・組織戦略における戦略論とDXの交点を探るにあたり、これら3つのこだわりに徹しながら考察を進めていきたい。

第2章

企業戦略論とDXの交点

事業ポートフォリオ戦略とデジタル変革モードの結合

1 本章の概略と読み方

多くの大企業は複数の事業から構成されている。この事業ポートフォリオをどうマネジメントし、事業間の相乗効果によって企業価値を各事業の価値の単なる総和よりいかに大きくするか。これが企業戦略論におけるメインテーマと言っても過言ではない。

本章では企業戦略論との交点として、事業ポートフォリオ論とDXの結合を試みる。では、具体的にその試みをどのように進めていくのか。

本章ではまず事業ポートフォリオ論とは何かを整理し、それが何を明らかにしてくれるのかをはっきりさせる。そのうえで、事業ポートフォリオ戦略とデジタル変革モードの結び付け方を提示したい。これによって、事業ポートフォリオを見直し、それを実現するためのデジタル変革の方向性をアップデートする営みが可能となり、本書において貫くこだわりの一つ、「点ではなく営みを目指す」に適うことになる。当然「変革は2つのモードに分けて進める」点も満たされる。

続いて、目指す営みを実感していただくために、事業ポートフォリオ戦略とデジタル変革モード、それを具現化する施策がしっかりと対応している企業の事例を提示したい。富士フイルム、ブリヂストンの取り組みとその意味するところを掘り下げることで、本章で提示する交点とその使い方をイメージできるようになるはずだ。これによって最後のこだわり、「最先端を解き明かす」も満たせることと思う。

事業ポートフォリオ論の基礎知識をお持ちの方も、事業ポートフォリオの概観から順に読み進めていただきたい。既存の事業ポートフォリオ論の整理にとどまらず、本書における事業の位置付け方も提示しているからだ。

では、入口となる事業ポートフォリオ論の概観と再定義から始めていこう。

2 事業ポートフォリオ論を再定義する

事業ポートフォリオ論の目的

2009年3月期、ソニーは2000億円を超える巨額の営業赤字に陥ったものの、12年後の2021年3月期、初の連結純利益1兆円超えを達成した。この復活を支えたものこそ、勝てる領域、相乗効果が働く領域を選別して投資する、一貫した事業ポートフォリオ戦略であった。

勝てる領域の代表例は、半導体事業の画像センサーであった。業績が厳しい局面でも資金を投じ続け、確固たる業界シェアを確立したのである。また、ゲーム・音楽・映画事業では相乗効果を狙った投資を実施することで、しっかりと成果を出した。一方、投資対象外の事業からは潔く撤退。電池事業やパソコン事業の売却などは、その代表例と言える。

このように複数の事業を組み合わせ、企業としての全体最適化を図る営みを事業ポートフォリオマネジメントと呼ぶ。10年以上にわたるソニーの取り組みは、事業ポートフォリオマネジメントのお手本と言ってよい。

事業ポートフォリオマネジメントの目的は、企業の持続的な成長を実現することにある。企業として、どの事業で成長し、どの事業で成長のための原資を確保するのか。どの事業を継続させ、どの事業を新たに創造し、どの事業から撤退するのか。企業を構成する各事業を取り巻く環境を見極めながら、それぞれの役割を明確化し、経営資源の調達と配分を決定する。それによって、個々の事業の競争力はもちろんのこと、事業の集合体としての競争力をも高めるのである。

これはまさに、企業戦略の根幹と言えるものであろう。この事業ポートフォリオマネジメントがおろそかになっていると、事業のミッション設定を誤ったり、成長につながらない事業に経営資源を回すという事態が発生してしまう。この複雑な問題に解を見いだすための分析・検討を助けるコンセプト、それが事業ポートフォリオ論と言われるものである。

事業ポートフォリオ論の系譜

事業ポートフォリオ論の系譜は、1957年の「アンゾフのマトリクス」から始まる。その後、1970年の「PPM（プロダクト・ポートフォリオ・マネジメント）」、1970年代の「ビジネススクリーン」、そして1990年代初頭の「バリューポートフォリオ」へと

図表2-1　事業ポートフォリオ論の系譜

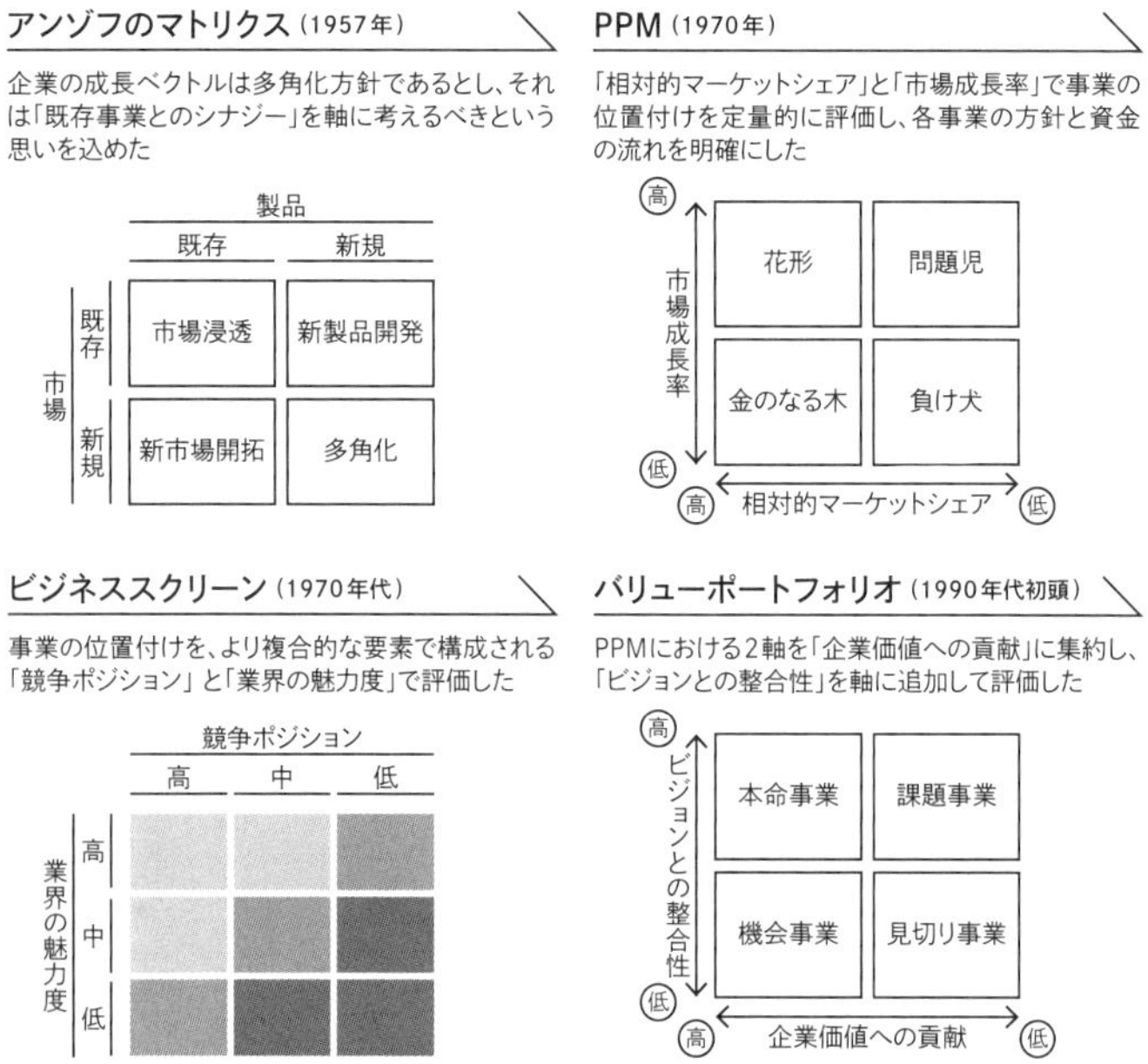

発展の道をたどっていく（図表2－1）。

〈アンゾフのマトリクス〉

イゴール・アンゾフは経営戦略を、各事業の方針を決める「事業戦略」、それら全体を管理・統合する「企業戦略」の2つに分けた。そして企業戦略とは、事業全体としてどちらの方向に成長を求めるのか（成長ベクトル）を決めること、結果としてどういった事業セットを目指すかを決めることだとした。ここに事業ポートフォリオマネジメントが始まったのである。

アンゾフは企業の成長ベクトルは多角化方針であるとし、それを定めるためのコンセプトとして「アンゾフのマトリクス」を提唱した。市場（既存・新規）と製品（既存・新規）の2×2のマトリクスには、個別の事業戦略ではなく、企業全体としてどちらの方向に持っていくのかを、「既存事業とのシナジー」を軸に考えるべきというアンゾフの思いが込められている。

〈PPM（プロダクト・ポートフォリオ・マネジメント）〉

事業の位置付けと戦略を検討するためのコンセプトが「アンゾフのマトリクス」だとすれば、これをさらに発展させたのがＰＰＭだ。ＰＰＭは2つの点で画期的だった。

1つ目は、事業の位置付けを定量的に評価可能としたことである。相対的マーケットシェアと市場成長率の2軸で事業をマッピングし、各事業を4象限のどこかに位置付けた。各象限は、金のなる木、花形、問題児、負け犬などとネーミングされており、企業戦略レイヤーで見たときの「基本事業方針」「基本投資方針」を明確に示した。

2つ目は、資金の流れを明確化したことである。金のなる木で創出された資金を、花形を生み出し強化する研究開発、もしくは花形化を狙う問題児へ投下する流れを視覚化したことは、経営者に大きな示唆を与えた。

〈ビジネススクリーン〉

ＰＰＭをある意味で発展させたのがビジネススクリーンである。ＰＰＭの相対的マーケットシェアを競争ポジションへ、市場成長率を長期的な業界の魅力度へ置き換え、９つのセルを使って事業ポートフォリオを評価するものである。２つの軸は様々な要素を重み付けしながら複合的に勘案したものとなっており、緻密さが増した一方で、事業の位置付けの可視化という面では定量性とわかりやすさは低下したとも言える。

ちなみに競争ポジションは相対的マーケットシェアに加えて、コストポジションや技術力などを含めて評価するものとなっており、長期的な業界の魅力度は市場規模や成長率、マクロ環境など、こちらも複数の指標で評価するものとなっている。

定量性とわかりやすさが低下したこともあってか、現在でもＰＰＭのほうが事業ポートフォリオを評価するコンセプトとしては一般的である。

〈バリューポートフォリオ〉

バリューポートフォリオも、ＰＰＭの進化型として開発されたコンセプトである。

事業を「企業価値への貢献」（横軸）と「ビジョンとの整合性」（縦軸）という2軸によっ

てマッピングし考察する。ＰＰＭが２軸で考察した短・中期的なキャッシュフロー貢献を横軸の「企業価値への貢献」の１軸に集約し、企業戦略を構築するうえで重要な企業ビジョンを縦軸に据えているのが特徴だ。

「企業価値への貢献」は、ＴＢＲ（Total Business Return）という指標を用いる。ＴＢＲは事業が創出するフリーキャッシュフローと事業価値の変化額を、算出期間開始時の事業価値で割ったものである。「ビジョンとの整合性」は、ビジョン適合性診断で定量評価する。

ビジョンとの整合性が高くＴＢＲも高い「本命事業」には資源を厚く配分して成長を促進し、ビジョンとの整合性は高いがＴＢＲが低い「課題事業」は事業構造を変革して貢献度を上げ、できるだけ本命事業のほうへ持っていく。一方、ビジョンとは乖離があっても企業価値に貢献している「機会事業」はとりあえず保有しておき資金源とするか、場合によっては売却の候補とし、ビジョンにフィットせず資金源としての価値もない「見切り事業」は資金投入を制約しつつ、撤退への道を探ることになる。

定量性を担保しつつ、ビジョンとの整合性という重要軸を加えたバリューポートフォリオは秀逸なコンセプトであるが、知名度はそれほど高くない。ＴＢＲ、ビジョンとの整合性の２軸とも算出が難しいことが、大きな要因と考えられる。

既存のコンセプトを総合して再定義する

事業ポートフォリオ論の系譜をたどると、既存のコンセプトが何を明らかにし、何を示唆してくれるのかが見えてくる。既存のコンセプトが我々に提供してくれるのは、大きく次の4つである。

Ⓐ企業を構成する事業を横並びで評価するための評価軸
Ⓑその評価から定まる事業の位置付け
Ⓒ事業の位置付けごとのとるべき戦略の方向性
Ⓓ戦略の実現に向けての投資資金の需給

Ⓐの評価軸は既存のコンセプトで幅広い検討がなされており、網羅性を持って定義されているものの、Ⓑ〜Ⓓはコンセプトごとに色合いが異なる。ここでは、主なコンセプトを総合し、本書なりの事業の位置付け、戦略の方向性、投資資金の需給を定めてみたい。

本書では、事業ポートフォリオ論の目的に照らし、事業の位置付けを「**①成長事業**」「**②**

基盤事業」「**③課題事業**」「**④資金事業**」「**⑤見切り事業**」の5つに分けることとする（図表2－2）。そのうえで、戦略の方向性と投資資金の需給を整理してみる。

〈①成長事業〉

●企業ビジョンに沿って売上成長を牽引する事業。

●経営資源を厚く配分して、ビジネスモデルの高度化と転換を繰り返しながら、市場や競合を上回る成長を狙う。

●生み出す資金量が多い反面、成長のための投資資金需要も大きい。

〈②基盤事業〉

●企業ビジョンに沿いつつも、成長ではなく、投資資金の創出を担う事業。

●市場ポジションの維持に努めつつ、利益率の向上を狙う。

●投資はポジション維持に必要な分に抑え、再投資分を超えた多額の資金流入を得る。

〈③課題事業〉

●企業ビジョンに合致し高成長も見込めるものの、市場ポジションが競合より劣後してい

図表2-2　5つの事業の位置付けと戦略の方向性

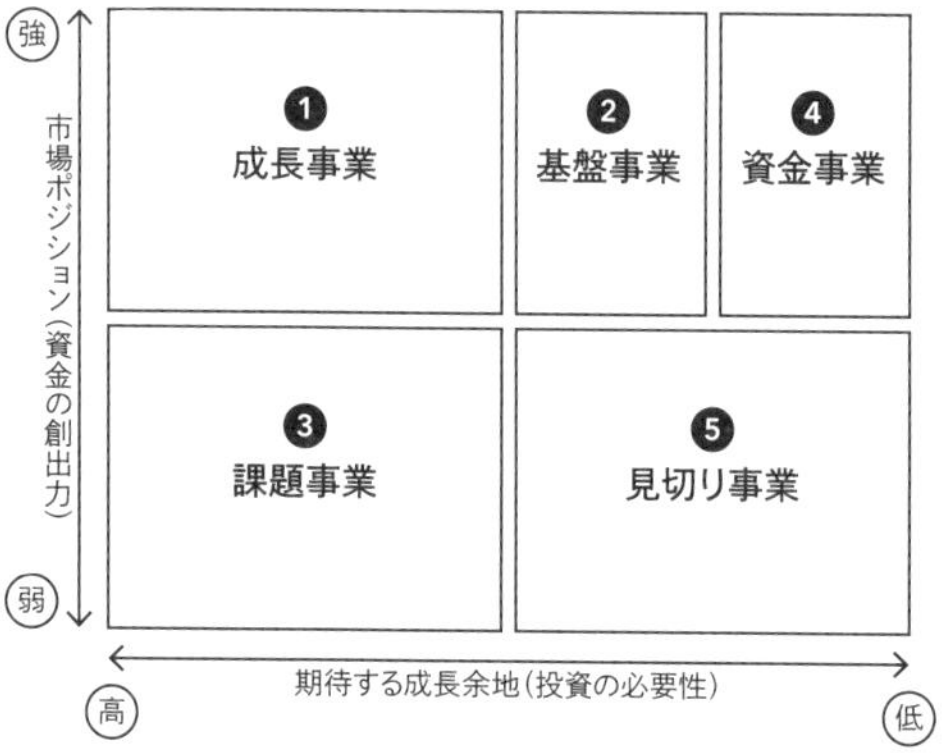

	ビジョン合致性	狙い	戦略の方向性
1 成長事業	合致	売上成長の牽引	● ビジネスモデルの高度化と転換を繰り返しながら、市場や競合を上回る成長を狙う ● 経営資源は厚く配分する
2 基盤事業	合致	投資資金の創出	● 市場ポジションの維持に努めつつ、利益率の向上を狙う
3 課題事業	合致	高ポテンシャル事業の次なる成長事業化	● ビジネスモデルの転換を図り、競合より劣後している市場ポジションの挽回を狙う
4 資金事業	非合致	投資資金の創出	● 資金創出源として活用する ● ポートフォリオバランス次第では売却する
5 見切り事業	合致／非合致	資金流出の防止	● 縮小均衡を図って損失を減らす ● もしくは、思い切って撤退する

る事業。

◉ビジネスモデルの転換を図り、市場ポジションの挽回を狙う。

◉積極的な投資を必要とし、その投資を行わなければ競合との差はさらに開きかねない。


〈④資金事業〉


◉稼ぐ力はあるが、企業ビジョンに照らして不可欠の存在ではない事業。

◉資金創出源として活用するも、ポートフォリオのバランス次第では売却することもある。

◉企業ビジョンに合致しないため、投資は最低限に絞る。


〈⑤見切り事業〉


◉自社にとって特別の存在意義がない事業。

◉縮小均衡を図って損失を減らすか、思い切って撤退を図ることが求められる。

◉ターンアラウンドが狙える場合を除き、資金投下は行わない。


事業ポートフォリオ論が提供してくれる事業の位置付け、戦略の方向性、投資資金の需給はこれで整理できた。ここからは、交点の考察に入っていく。

3 交点にDI／DXポートフォリオを見いだす

デジタル技術を活用した変革には、DIとDXの2つのモードがある。各事業がとるべきモードは、事業ポートフォリオ論を通じて定められる事業の位置付けによって自ずと決まってくる。モードが決まれば、経営資源を集中させる具体的なデジタル施策へと落とし込んでいくことができる。事業ポートフォリオ論とデジタル変革がここでつながるのだ。

今述べたことを、前述の事業ポートフォリオ論が明らかにしてくれることへ追記すると以下のように整理される。

〈事業ポートフォリオ論が明らかにしてくれること〉

Ⓐ企業を構成する事業を横並びで評価するための評価軸
Ⓑその評価から定まる事業の位置付け
Ⓒ事業の位置付けごとのとるべき戦略の方向性
Ⓓ戦略の実現に向けての投資資金の需給

図表2-3　5つの事業の位置付けごとのデジタル変革モード

	戦略の方向性	主にとるモード	ポイント
❶ 成長事業	ビジネスモデルの高度化と転換を繰り返しながら、市場や競合を上回る成長を狙う	DI⇔DX	●事業が好調で事業環境も追い風ならば、DIでビジネスモデルをさらに尖らせる ●ディスラプターが出現するなど、逆風下ならば、DXでビジネスモデルを転換する
❷ 基盤事業	市場ポジションの維持に努めつつ、利益率の向上を狙う	DI	●現在のビジネスモデルを正しく捉え、収益ドライバーを見極める ●収益ドライバーに効くデジタル施策を打つ
❸ 課題事業	ビジネスモデルの転換を図り、競合より劣後している市場ポジションの挽回を狙う	DX	●顧客価値を中心にビジネスモデル要素の転換を図り、市場ポジションを抜本的に変える ▶戦う市場の再定義 ▶顧客ニーズの変容促進　など
❹ 資金事業	資金創出源として活用する ▶売却も資金創出の選択肢	DI	●DIを徹底的に推し進める ▶キャッシュフロー改善は売却時の事業価値を高める ▶ビジネスモデル転換投資を伴うDXには手を出さない
❺ 見切り事業	縮小均衡か撤退を図って損失を減らす	（デジタル施策は展開せず）	●ただしターンアラウンドが見込める場合は、コスト削減を狙ったDI展開後に売却する

〈交点〉
Ⓔ戦略の方向性に応じて定まる
　事業ごとのデジタル変革モード
〈DI／DXとして深めること〉
Ⓕモードに応じた具体的なデジ
　タル施策

事業の位置付けごとに定まるデジタル変革モード

事業の位置付けごとに戦略の方向性があり、それに対応するようにデジタル変革モードは定まる（図表2－3）。戦略の方向性とデジタル変革モードの結び付きを明確にすることで、重点投資して取り組むべきデジタル施策が何なのか、その照準が絞られていくのだ。

〈①成長事業〉

【事業の位置付け／戦略の方向性】

◉企業ビジョンに沿って売上成長を牽引する事業。

◉経営資源を厚く配分して、ビジネスモデルの高度化と転換を繰り返しながら、市場や競合を上回る成長を狙う。

⬅

［とるべきデジタル変革モード］

◆事業環境に応じて、DIとDXを交互に進める。

◆例えば、事業が好調で事業環境も追い風ならば、DIで現在のビジネスモデルをさらに尖らせる。

◆逆に、強力なディスラプターの出現、顧客ニーズの変容など事業環境に大きな変化があるならば、DXでビジネスモデルを思い切って転換する方向にアクセルを踏む。

◆元来DIとDXは交互に進めるものであり、その様は次項で見ていく。

〈②基盤事業〉

【事業の位置付け／戦略の方向性】

◉企業ビジョンに沿いつつも、成長ではなく、投資資金の創出を担う事業。

◉市場ポジションの維持に努めつつ、利益率の向上を狙う。

⬇

【とるべきデジタル変革モード】

◆DIで売上向上やコスト削減を図り、投資資金の創出力をさらに向上させる。

◆その際重要となるのは、現在のビジネスモデルの性質を正しく捉え、そのビジネスモデルの収益ドライバーを見極め、そのドライバーに効くデジタル施策を打つことである。

◆ビジネスモデルに効くデジタル施策については、第4章で詳述する。

〈③課題事業〉

【事業の位置付け／戦略の方向性】

◉企業ビジョンに合致し高成長も見込めるものの、市場ポジションが競合より劣後している事業。

◉ビジネスモデルの転換を図り、市場ポジションの挽回を狙う。

⬇
［とるべきデジタル変革モード］
◆ＤＸを図り、顧客価値を中心にビジネスモデル要素を転換する。
◆戦う市場を再定義したり、顧客ニーズの変容を促すなどして、市場ポジションを抜本的に変えてしまう。

〈④資金事業〉

【事業の位置付け／戦略の方向性】

◉稼ぐ力はあるが、企業ビジョンに照らして不可欠の存在ではない事業。

◉資金創出源として活用するも、ポートフォリオのバランス次第では売却することもある。

⬇

［とるべきデジタル変革モード］
◆ＤＩを徹底的に推し進め、資金創出力の強化を図る。
◆大規模な投資が求められるＤＸには手を出さない。
◆ＤＩによるキャッシュフローの改善は、売却することになった際の事業価値を高めることにもなる。

〈⑤見切り事業〉

【事業の位置付け／戦略の方向性】

◉自社にとって特別の存在意義がない事業。

◉縮小均衡を図って損失を減らすか、思い切って撤退を図ることが求められる。

⬅

【とるべきデジタル変革モード】

◆デジタル施策は、原則展開しない。

◆ただし、ターンアラウンドが見込める場合は、徹底的なコスト削減を狙ったDI展開後に売却する。

このように、事業ポートフォリオ論で事業の位置付けや戦略の方向性をはっきりさせることで、自社が展開するそれぞれの事業について、DIとDX、どちらに向かってアクセルを踏むべきかを見極めることができる。

デジタル施策は闇夜の鉄砲のごとく、めったやたらと撃ちまくればよいというものではない。見極めたデジタル変革モードの方向へアクセルを踏むことが、限られた経営資源を最大限に生かし、企業戦略を前に進めることにつながるのだ。

成長事業においては、DIとDXを交互に進める

成長事業においてとるべきデジタル変革モードは、DIとDXの両方がありうると述べた。DIの先にDXあり、DXの先にDIあり。事業環境に応じて、DIとDXを交互に進めていくのである。DIをやり切った企業は、必ず訪れる事業環境の変化を踏まえ、しかるべきタイミングでDXに舵を切る。DXを実行したらそれで終わりではなく、新たなビジネスモデルを磨き上げる次のDIが始まる。DIとDXを繰り返し、スパイラルアップしていくのである。

では、「DIの先にDXあり」とは具体的にはどういうことなのか。ここで第1章で紹介したダイキン工業の例に基づいて考察をしてみたい。

サブスクリプションモデルのAaaS（Air as a Service）に転換する前のダイキン工業は、モノの売り切りモデルの枠内において、デジタルを活用してビジネスモデルの各要素を高度化させるDIに取り組んでいた。

空調機器を売りつつ、機器の運転状況をIoT技術で遠隔から監視・制御できる保守サー

ビスを展開したり、子会社のダイキンエアテクノが持つ機器の運転データを活用するノウハウによって施設ごとに最適な運用管理を提案したりしてきたのである。そして、これらの取り組みを通じ、新たなビジネスモデルへと転換できるだけのケイパビリティ（組織的能力）が整ったところで、成長事業としての地位を盤石にするため、競合に先んじてＤＸを図っていったのである。

ＤＸを形にできた暁には、その後、新たに築き上げたビジネスモデルの要素を高度化させていくＤＩが待っている。これが「ＤＸの先にＤＩあり」である。

例えば２０２０年11月、ＡａａＳを展開する合弁会社であるエアアズアサービスは東京ビッグサイトで開催された不動産ソリューションフェアで、「Ａｉｒ ａｓ 換気」を公開した。これはカメラやセンサーなどの技術を活用し、オフィスや飲食店などの換気を最適化するシステムである。現在では、コロナ禍における三密対策だけでなく、省エネ対策にもつながる機能を追加することでサービスを高度化している。

他にも、２０２０年６月に開催された翔泳社主催のBiz/Zine Day 2020 Summerにて、エアアズアサービスの代表取締役社長・大下泰典氏は「使った分だけ課金する従量課金でのサービス」「ユーザーの売上連動型での支払方法」「空間にいる一人ひとりの好みに応じて空調を制御」などのサービスも検討していることを語った。まさにＤＸの先でＤＩを実践して

図表2-4　DIとDXのポートフォリオの考え方

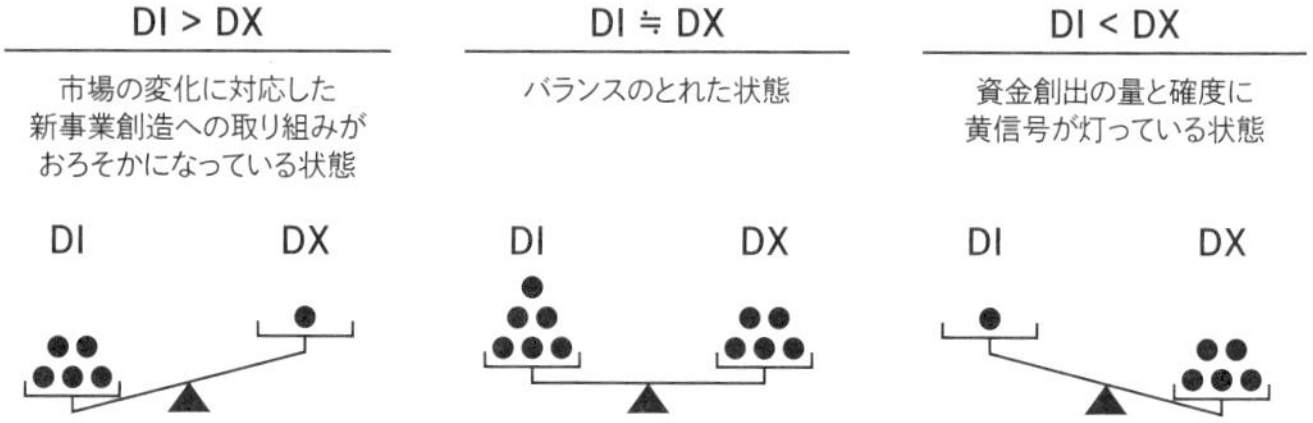

DI > DX
市場の変化に対応した
新事業創造への取り組みが
おろそかになっている状態
DI ≒ DX
バランスのとれた状態
DI < DX
資金創出の量と確度に
黄信号が灯っている状態
DI
DX
DI
DX
DI
DX

いる好事例と言える。

つまるところ、成長事業においてとるべきデジタル変革モードとは、ＤＩとＤＸの間でアクセルを踏む方向を変えながら、ビジネスモデルを進化させ続けていく営みなのである。

欠かせないＤＩとＤＸのポートフォリオという視点

以上、事業ポートフォリオ論との交点として、事業ポートフォリオ側からデジタル変革モードへと結び付けていく流れを見てきた。しかし、実はその逆の視点も重要である。すなわち、デジタル変革モード側から各事業の戦略の方向性へとつなげていく流れだ。

ここで、ＤＩとＤＸのポートフォリオというコンセプトを提示したい。各事業のデジタル変革モードを俯瞰したときの、ＤＩとＤＸのバランスを見る考え方だ（図表２－４）。

例えば、各事業のデジタル変革モードがＤＩに大きく偏っているとすれば、それは市場の変化に対応した新事業創造への取り組みがおろそかになっていることを意味する。逆に、DXを図っている事業の比率が高くなりすぎるケースでは、資金創出の量と確度に黄信号が灯っている状態と言える。

DIを図っている事業と、DXを図っている事業は、一定程度バランスが取れているほうがよい。DIからDXへの変化、さらにはDXからDIへの変化も含めて、DIとDXのポートフォリオをマネジメントするという視点も欠かせないのだ。事業ポートフォリオ側からデジタル変革モードを定める流れをたどった後には、DIとDXのポートフォリオも必ず確認し、バランスが悪ければ、事業の位置付けを見直すところに立ち戻るべきであろう。

そして、本節の最後に改めて述べたいことがある。それは、ここまで事業ポートフォリオ論とDXの交わらせ方を提示してきたが、これは一度やったら終わりというものでは決してないということである。適時・適切に事業ポートフォリオを見直し、それを実現するためのデジタル変革モードをアップデートするサイクルを回し続けることこそ肝要だ。それこそが、企業戦略レイヤーで最終的につくり上げたい営みなのである。

ここからは目指す営みを実感していただくために、事業ポートフォリオ戦略とデジタル施策がしっかりと対応している企業の事例を見ていく。まずは、富士フイルムの取り組みからスタートしよう。

4 先進事例：富士フイルムホールディングス

事業ポートフォリオの概観

富士フイルムは、写真事業を通して培った高度な技術力を基に、ヘルスケア、マテリアルズ、ドキュメント、イメージングの4つを主要事業領域とする事業ポートフォリオを有している。成長事業、基盤事業、課題事業などが混在するバランスのとれたポートフォリオだ（図表2－5）。内訳を順に見ていこう。

売上高2兆3151億円（2019年度）の22％を占めるヘルスケアは、2023年までに70％の売上増を目指す成長事業だ。ヘルスケアと同規模の売上高を誇るマテリアルズも、同じく38％もの売上増を目指す成長事業である。

41％と最大の売上高を誇るドキュメントは、資金創出を担う事業領域となっている。ただし、事業の位置付けで言えば、プリンターなどを提供するオフィスプロダクト＆プリンターが基盤事業、顧客課題を解決するソリューション＆サービスが課題事業と言え、事業の位置付けが混在する状況と見ている。

図表2-5　富士フイルムの事業ポートフォリオの概観

事業領域			売上高（2019年度／億円）	営業利益率（2019年度／%）	事業の位置付け
ヘルスケア＆マテリアルズソリューション	ヘルスケア	●メディカルシステム ●医薬品 等	5,041	9.02	❶成長
	高機能材料	●ディスプレイ材料 ●産業機材 等	2,634		
	記録メディア	●磁気テープ ●データアーカイブサービス 等	419		
	グラフィックシステム・インクジェット	●製版フィルム ●インクジェットデジタルプレス 等	2,136		
ドキュメントソリューション	オフィスプロダクト＆プリンター	●オフィス向けデジタル複合機 ●プリンター 等	5,321	10.96	❷基盤
	プロダクションサービス	●デジタル印刷システム ●印刷ソリューション 等	1,160		
	ソリューション＆サービス	●ドキュメント／業務プロセス改革促進 ●経営課題解決支援 等	2,735		❸課題
イメージングソリューション	フォトイメージング	●カラーフィルム ●インスタントフォトシステム 等	2,289	7.54	❷基盤
	光学・電子映像	●デジタルカメラ ●シネマレンズ 等	1,037		

最後の事業領域は、イメージングである。売上高の14%を占め、こちらも基盤事業と言えるが、その資金創出力は徐々に衰えつつあるように見える。

このようなバランスのとれた事業ポートフォリオを持つ富士フイルム。では、彼らのデジタル施策は、事業の位置付けとどうリンクしているのだろうか（図表2－6）。

成長事業であるヘルスケアは、DIでビジネスモデルを尖らせている

前節において、企業ビジョン

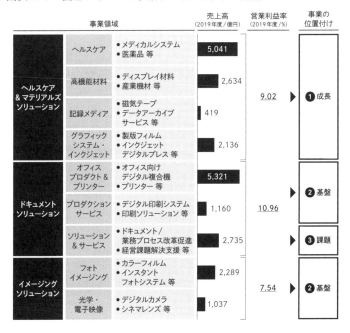

図表2-6　富士フイルムの事業ポートフォリオとDI/DX

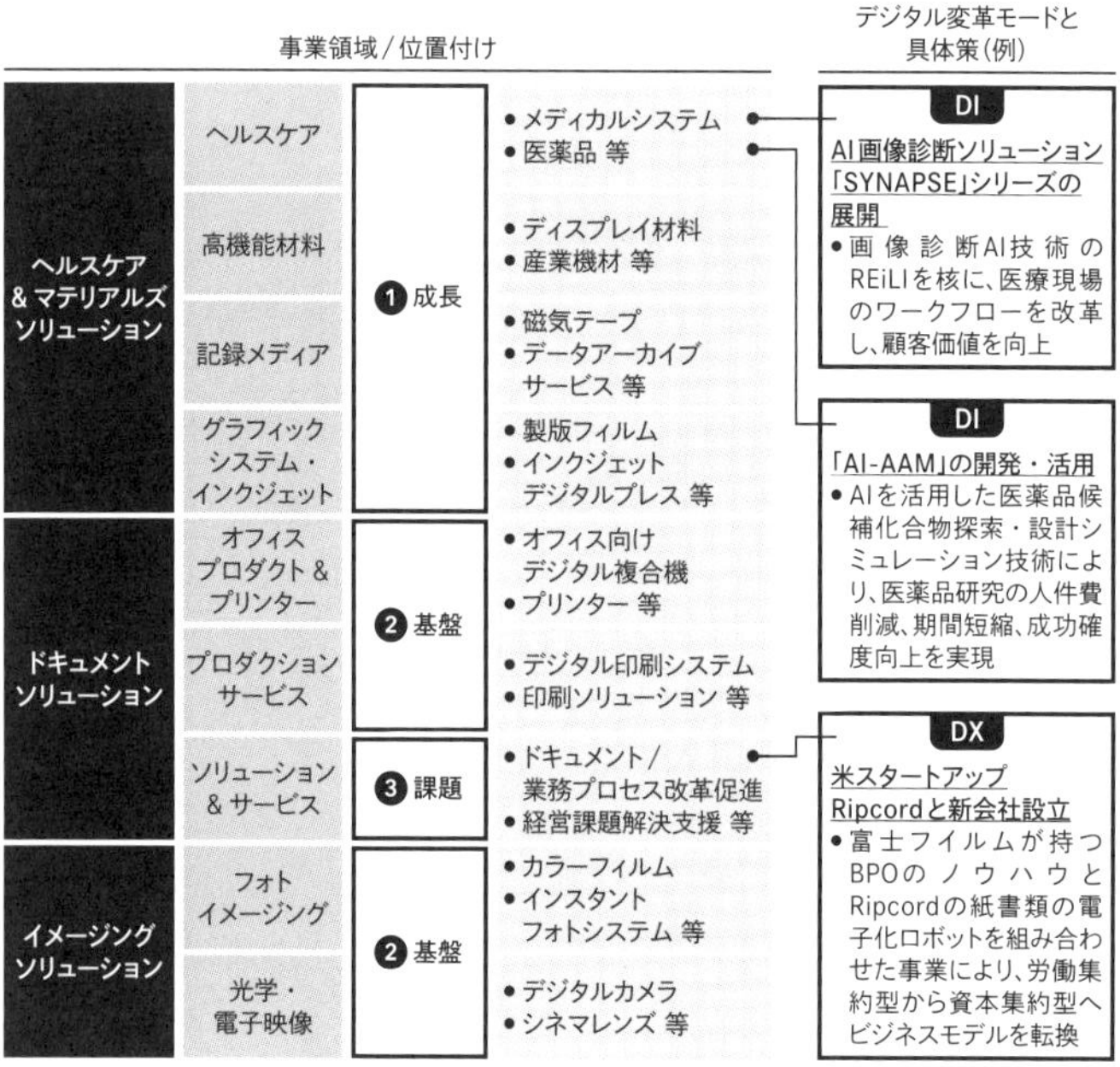

に沿って売上成長を牽引する事業を成長事業と位置付けた。ビジネスモデルの高度化と転換を繰り返しながら、市場や競合を上回る成長を狙うのが戦略の方向性だ。そのために、事業環境に応じて、ＤＩとＤＸを交互に進める。

成長事業であるヘルスケアは、現在はＤＩフェーズにあり、デジタル技術でその成長力を尖らせている。

メディカルシステム事業におけるＡＩ画像診断ソリューション「SYNAPSE」シリーズの展開は好例だ。画像診断のＡＩ技術であるREiLI（レイリ）を核に、医療現場のワークフロー改革を推し進めるものであり、顧客価値を大きく高めている。

例えば、がんの放射線治療計画支援ソフトウェアである「SYNAPSE Radiotherapy（シナプス レディオセラピー）」。REiLIによる臓器輪郭作成支援機能と、医用画像情報システムで培った放射線治療ビューア機能により構成される。臓器輪郭作成支援機能は、放射線照射を複数回行う治療の中で、多大な時間を要するリスク臓器の輪郭の作成を自動化し、医師の作業時間を劇的に短縮するものである。

また、放射線治療ビューア機能は、照射した線量の分布を3D表示するなどして、腫瘍部および正常な臓器への投与線量の管理をサポートする。

医薬品事業における医薬品候補化合物探索・設計シミュレーション技術の「AI－AAM」も、ヘルスケア事業におけるDIの好例だ。既存の医薬品候補化合物の構造式だけから、新たな候補化合物をAIで自動的に探索・設計できる（図表2－7）。この技術により、医薬品研究の人件費削減、期間短縮、成功確度向上を実現するなど、ビジネスモデルにおける主要プロセスを大いに高度化することに成功した。

このように、デジタル技術によってビジネスモデルを高度化することで、競合ひしめくヘルスケア市場において、その成長力を揺るぎないものとし続けているのである。

図表2-7　富士フイルム「AI-AAM」のイメージ

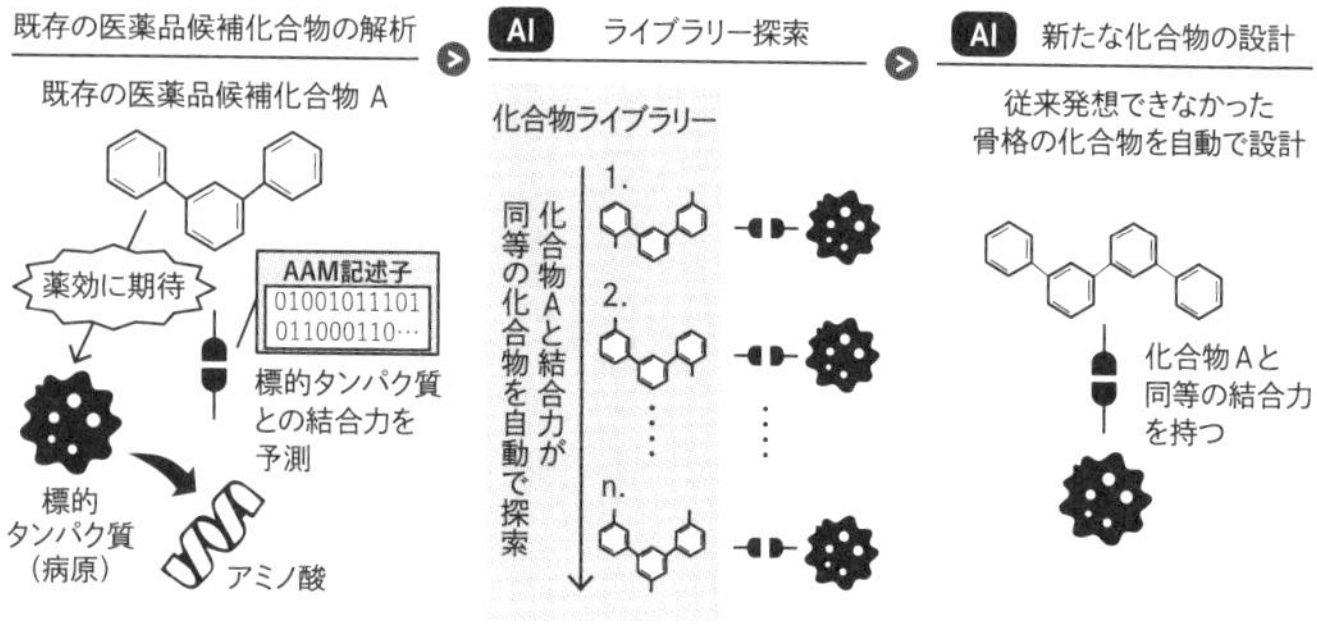

課題事業であるソリューション&サービスは、ＡＩロボットでＤＸに挑んでいる

高成長期ではあるものの、挽回が必要な課題事業であるドキュメント領域のソリューション&サービス事業。ここでは、どのようなデジタル施策が進んでいるのだろうか。事業の位置付けに沿って、ＤＸが図られているのだろうか。

富士フイルムは、２０２０年９月３日、米スタートアップのRipcord（リップコード）と新会社を設立すると発表した。リップコードは、紙書類の電子化を推し進められる稀有なＡＩロボットを保有する。クリアファイルから紙書類を取り出し、ホチキスを外し、電子化・データベース化し、段ボール箱に収納する。この一連のプロセスを自動で行えるロボットである。新会社は富士フイルムが持つＢＰＯ（ビジネス・プロセス・アウトソーシング）のノウハウとリップコードのＡＩロボットを組み合わせ、企業が保有する大量の紙書類の電子化を支援する。

労働集約型から資本集約型へ、ビジネスモデルの転換を図るのだ。まさにDXであり、課題事業がとるべきデジタル変革モードとフィットしている。

事業ポートフォリオ戦略の巧者の代表格である富士フイルム。各事業のデジタル変革モードと具体的なデジタル施策は、事業ポートフォリオ上の事業の位置付けと適切にリンクしている。そして、これらは整合性を保ったままアップデートされていくだろう。

これこそ、企業戦略レイヤーで目指したい営みである。富士フイルムの取り組みは、代表例の一つとして心に留めおいていただきたい。

5 先進事例：ブリヂストン

事業ポートフォリオの概観

ブリヂストンは、創業当時からの主力事業であるタイヤ事業と、多角化事業、ソリューション事業の3つから成る事業ポートフォリオを有している。タイヤという基盤事業が大半を占める堅固なポートフォリオであるものの、次なる成長事業であるソリューション事業への投資も着々と進めている（図表2－8）。内訳を順に見ていこう。

売上高3兆5256億円（2019年度）の84％を占めるタイヤ事業は、売上高は横ばいであるものの、営業利益率11％と高い収益性を誇る。ブリヂストンの資金創出に大きく貢献している基盤事業だ。

一方、多角化事業は中期事業計画にて、事業を「シャープに」かつ「コアコンピタンスが活きる事業にフォーカス」するとし、既存事業の抜本的な再構築を行いつつ、新たな事業の開発にも取り組んでいる。基盤事業と課題事業が混在している状況だ。

ソリューション事業は、先ほど触れた中期事業計画で打ち出された新事業である。まだ規

図表2-8　ブリヂストンの事業ポートフォリオの概観

事業領域			売上高（2019年度／億円）	営業利益率（2019年度／%）	事業の位置付け
タイヤ事業		●一般車 新車/補修タイヤ ●大型車 新車/補修タイヤ ●その他自動車 新車/補修タイヤ 等	29,531	11.0	❷基盤
ソリューション事業	タイヤセントリック	●トラック／バスリトレッド ●タイヤ単体売り切り以外のソリューションビジネス ●直営小売店サービス 等	※タイヤ事業に含まれる		❶成長
	モビリティソリューション	●Webfleet Solutions ●他フリートソリューション 等			
多角化事業	探索領域	●リサイクル ●ソフトロボティクス 等	※公表実績なし（新規開発中）	—	❸課題
	その他	●化工品 ●スポーツ／サイクル ●米州多角化 等	5,883	0.02	❷基盤 ※一部見切り

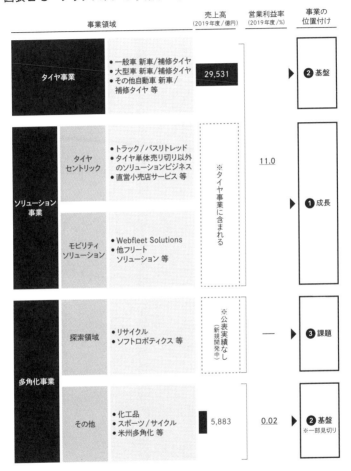

模は小さいものの、競合優位のポジションを築いている成長事業である。ドライバーの安全性向上のための施策等を開発している。

タイヤ事業が大半を占める事業ポートフォリオの構造改革を押し進めるブリヂストン。次に、彼らの各事業の位置付けとデジタル施策がリンクしている様を見ていこう（図表2－9）。

基盤事業であるタイヤ事業は、DIで迅速、高品質かつ効率的な生産を狙う

タイヤ事業では、資金創出力を強化するためのDIを行っている。その代表例が「スマートファクトリー構想」だ。製造工程の自律化を図る構想である。

まず、タイヤの商品戦略から開発、製造、販売、そして利用者の使用状況に至る、全バリューチェーンで発生する膨大なデータを蓄積する。その蓄積データを、独自開発した「Bridgestone Intelligent Office」で峻別・解析し、システム上で繰り返しシミュレーションを行うことで、設備や装置を自律化させるアルゴリズムを算出する。

そしてそのアルゴリズムを、生産システム制御AIを搭載した「Bridgestone Intelligent Device」により、各製造工程に実装する。これにより、市場におけるタイヤ情報や開発情

図表2-9　ブリヂストンの事業ポートフォリオとDI/DX

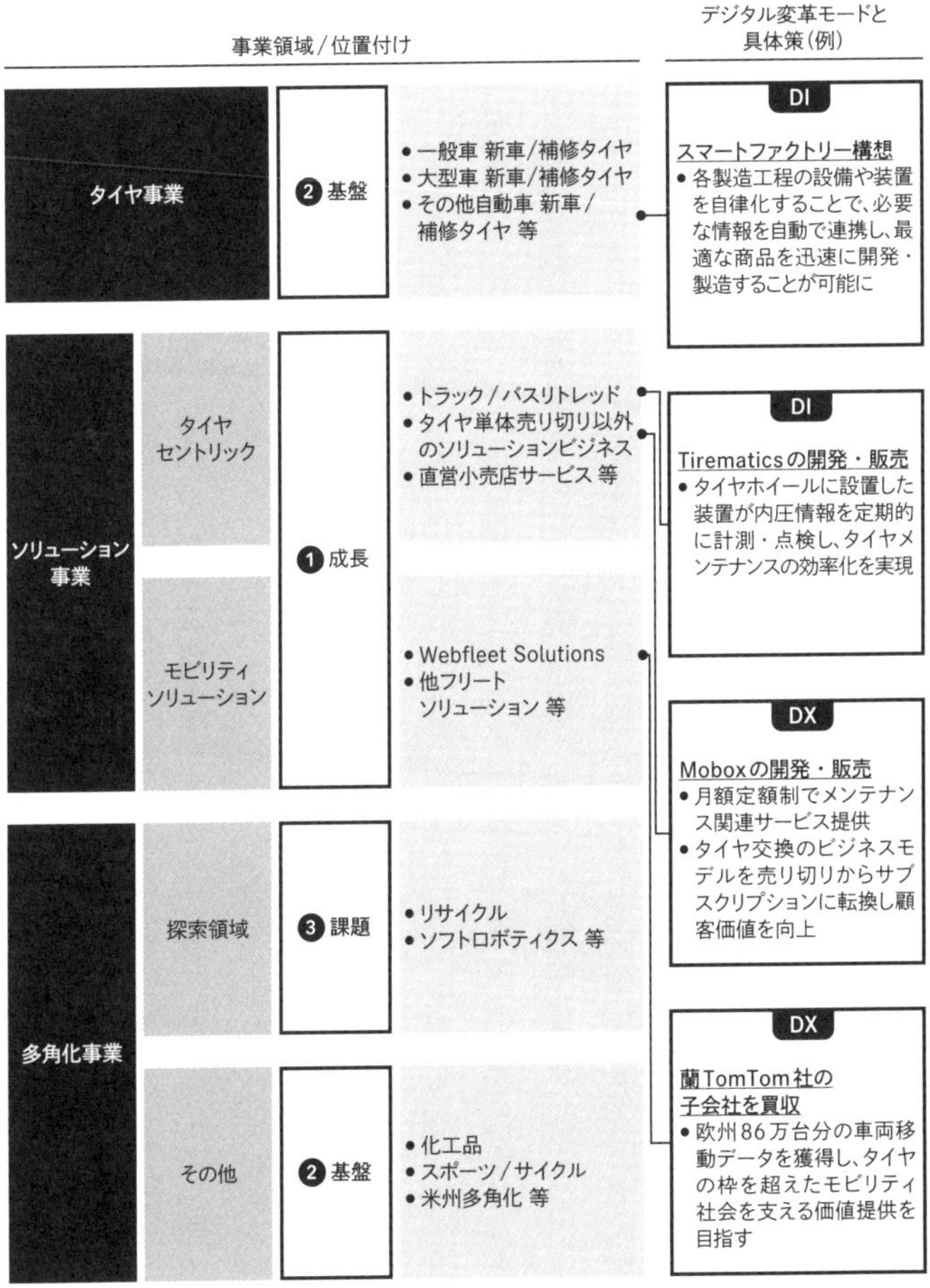

事業領域／位置付け
デジタル変革モードと具体策（例）
タイヤ事業
❷基盤
• 一般車 新車/補修タイヤ
• 大型車 新車/補修タイヤ
• その他自動車 新車/補修タイヤ 等
DI
スマートファクトリー構想
• 各製造工程の設備や装置を自律化することで、必要な情報を自動で連携し、最適な商品を迅速に開発・製造することが可能に
ソリューション事業
タイヤセントリック
❶成長
• トラック/バスリトレッド
• タイヤ単体売り切り以外のソリューションビジネス
• 直営小売店サービス 等
DI
Tirematicsの開発・販売
• タイヤホイールに設置した装置が内圧情報を定期的に計測・点検し、タイヤメンテナンスの効率化を実現
モビリティソリューション
• Webfleet Solutions
• 他フリートソリューション 等
DX
Moboxの開発・販売
• 月額定額制でメンテナンス関連サービス提供
• タイヤ交換のビジネスモデルを売り切りからサブスクリプションに転換し顧客価値を向上
多角化事業
探索領域
❸課題
• リサイクル
• ソフトロボティクス 等
DX
蘭TomTom社の子会社を買収
• 欧州86万台分の車両移動データを獲得し、タイヤの枠を超えたモビリティ社会を支える価値提供を目指す
その他
❷基盤
• 化工品
• スポーツ/サイクル
• 米州多角化 等

報を自動的に製造工程へ反映し、必要な性能を搭載したタイヤを迅速に開発・製造することが可能となるのだ。

デジタル技術によって開発から製造に至る主要プロセスの効率化、ひいてはスピードや品質の向上という顧客価値の向上も狙う。基盤事業がとるべきデジタル変革モードであるＤＩを実践している好例である。

ソリューション事業は、ＤＩとＤＸを織り交ぜながらサービスを拡充

成長事業であるソリューション事業は、「タイヤセントリック」と「モビリティソリューション」の2領域で構成されている。

「タイヤセントリック」は、タイヤから得られたデータを価値に変えていく領域だ。この領域では、ＩｏＴを活用してサービスを高度化するＤＩと、利益方程式を転換するＤＸの両方が推進されている。

トラック・バス向けソリューションでは、ＤＩが展開されている。２０２０年12月に開始されたサービス、「Tirematics」である。これはタイヤのホイールに設置した装置が、内圧情報を定期的に計測し、異常があれば運行管理者等へアラートメールを届けるサービスだ。

タイヤの異常を即時に感知することができ、事故等のトラブル防止だけでなく、タイヤメンテナンスの効率化にもつながるものである。

一方で、「Mobox」というサービスは、ブリヂストンのDXの象徴と言えるだろう。これは、新品のタイヤ4本とパンク補償、メンテナンスサービスを月額定額制で提供するサービスだ。手続きはウェブページ上で簡単に済ますことができ、その後すぐ店舗でタイヤを取り付けてもらえる。メンテナンスは契約期間であれば回数無制限で対応してもらえるため、気軽に点検に行けるようになり、安全性も高められる。タイヤ交換を売り切りからサブスクリプションに転換するDXが図られていることがわかる。

では、「タイヤセントリック」に対して、もう一つの領域である「モビリティソリューション」はどうだろうか。こちらはタイヤの枠を超えたDXを目指し、種まきをしている。

その最たる例が、オランダTomTom社のデジタルフリートソリューション事業買収である。ブリヂストンの欧州子会社であるBSEMEAが、2019年4月に1000億円超で買収した。買収の狙いは、TomTom社が所有する欧州86万台分の車両移動データである。獲得したこの膨大なモビリティデータをフル活用し、ブリヂストンが有するタイヤ関連のアセットと組み合わせ、モビリティ社会を支える新たな価値を提供することを目指しているのである。

コア事業であるタイヤ事業を軸に、成長事業を育てつつあるブリヂストン。ブリヂストンもまた、各事業の位置付け、デジタル変革モード、具体的なデジタル施策を適切にリンクさせている企業の代表と言えるだろう。

第2章のまとめ

●本章では、企業戦略レイヤーにおける交点として、事業ポートフォリオ戦略とデジタル変革モードの結節点を明確にした。

●事業ポートフォリオを構成する各事業の位置付けは、「成長事業」「基盤事業」「課題事業」「資金事業」「見切り事業」の5つに分けられ、事業の位置付けに応じて、戦略の方向性や投資資金の需給が定まる。

●明らかになった各事業の位置付けと戦略の方向性に目を凝らせば、とるべきデジタル変革モード（DI or DX）は自ずと見えてくる。そのデジタル変革モードに沿ったデジタル施策へ経営資源を重点投下すれば、デジタル技術が事業ポートフォリオ戦略をより生き生きとしたものに変容させる。これが事業ポートフォリオ側からデジタル変革モードへと結び付けていく流れだ。

●一方でその逆の視点、すなわち、デジタル変革モード側から各事業の位置付けや戦略の方向性を点検する考え方も重要だ。DIを図っている事業と、DXを図っている事業は、一定程度バランスが取れていたほうがよく、DIからDXへの変化、さらにはDXからDIへの変化も含めて、DIとDXのポートフォリオをマネジメントするという視点も欠かせない。

●この一連の取り組みは一度やったら終わりというものでは決してなく、事業ポートフォリオを見直し、それを実現するためのデジタル変革モードと施策方針をアップデートするサイクルを回し続けることこそが肝要だ。それこそが、企業戦略レイヤーで最終的につくり上げたい営みなのである。

第3章

リソース・ベースト・ビューから導く デジタル変革の3ステップ

1 本章の概略と読み方

企業価値を、各事業価値の単なる総和よりも大きなものにする。これは事業間の相乗効果が為せる業であり、企業戦略の存在意義でもある。

相乗効果が発揮されるメカニズムは、大きく2つある。1つは、ビジネスモデルが事業間でかみ合っていること。そしてもう1つは、中核的な強みとなる「リソース」を複数事業間で共通して有し、ある事業を通じてリソースが磨かれれば、別の事業もさらに強くなるという好循環が働くことである。

ここでリソースとは人材、技術、ブランドなどの経営資源を指し、デザイン力などの組織的能力もその範疇に入る。

本章では企業戦略論との次なる交点として、2つ目のメカニズムであるリソース側からの視点、リソース・ベースト・ビューに焦点を定め、デジタル変革と結合させてみたい。その交点が、企業戦略レイヤーで目指す営みへ至る3ステップを定めることへとつながっていくからだ。本書を通底する「点ではなく営みを目指す」を実現するためである。

具体的な構成としては、まずリソース・ベースト・ビューとは何かを整理し、実務への応用が難しいという限界に触れる。そのうえで、限界を乗り越えるためのアプローチ、「活動システム」を紹介する。

この活動システムこそが、目指す営みへのステップを定める鍵となる。なぜ、活動システムをデジタル変革の文脈で見つめ直すことを必ずやり切らねばならないのか。そのための準備段階として必要なことは何なのか。これらの問いを掘り下げながら、デジタル変革の3ステップへ落とし込んでいきたい。

その際、踏み締める各ステップはDIなのか、DXなのか。もう一つのこだわりである「変革は2つのモードに分けて進める」を意識しながら、「デジタル変革モードの観点でどうステップを運ぶべきなのか、その点についても触れていきたい。

最後に3ステップのたどり方のお手本として、DX企業として有名なコマツのデジタル変革の歴史を読み解く。コマツの取り組みは紹介し尽くされた感があるかもしれないが、デジタル変革の3ステップという新たな光を当てながら読み解き直すことで、新しい気づきを見いだすことができるだろう。最後のこだわりである「最先端を解き明かす」ことで、自社が描くロードマップの妥当性と、自社の現在地を認識できるはずだ。

ここで先に結論を述べておきたい。リソース・ベースト・ビューから導くデジタル変革の3ステップは、「デジタルパッチ」「DI（1st）」「DI／DXマネジメント」の段階で構

図表3-1　デジタル変革の3ステップ

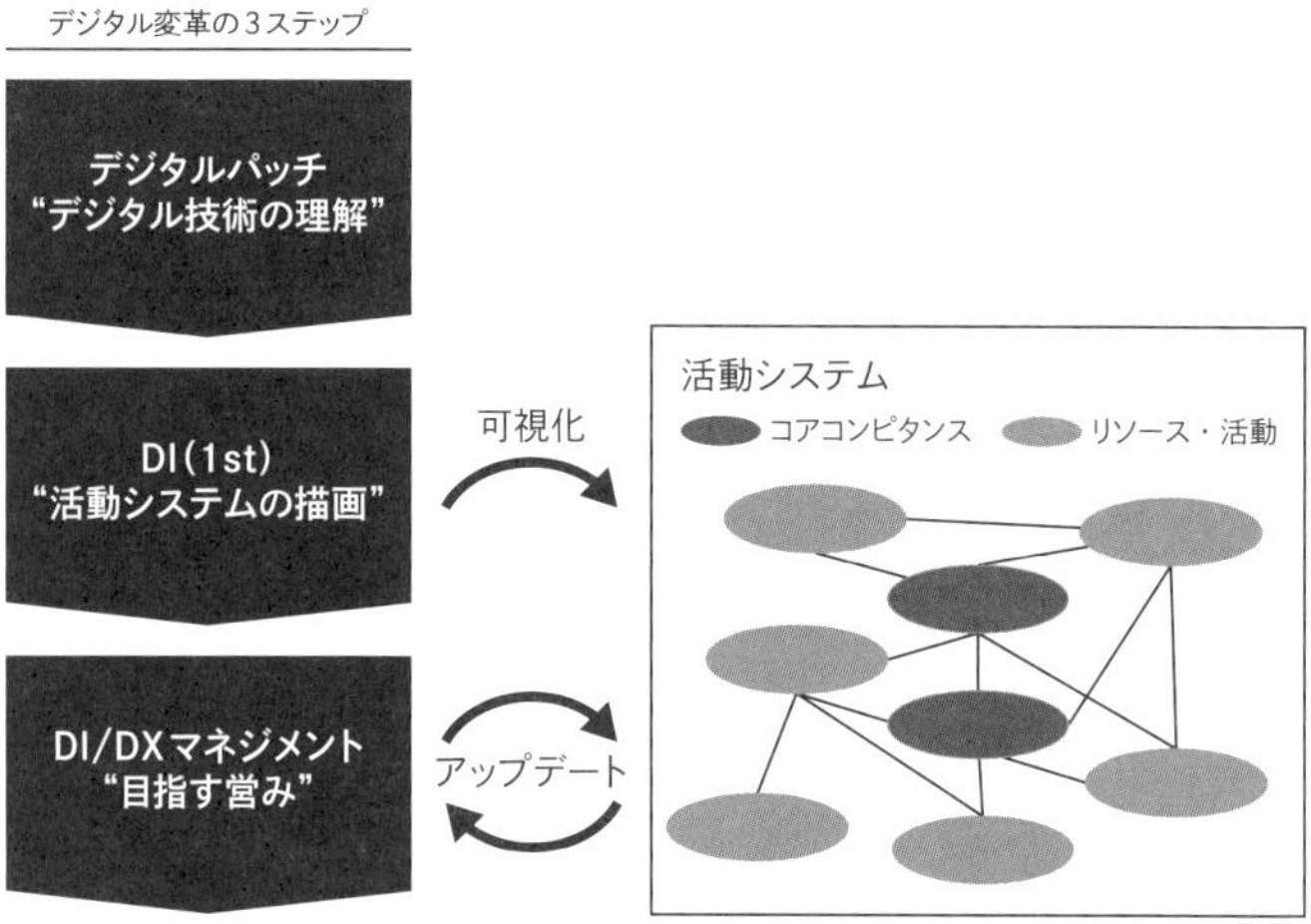

成される（図表3－1）。

デジタルパッチはデジタル技術に触れ、それがどのようなものかを体験し、最低限の技術的理解を得る段階である。

DI（1st）は、企業および事業として初めてDIにチャレンジしながら、後に続く段階で活用可能な活動システムを描き出す段階である。

DI／DXマネジメントは、事業ポートフォリオ戦略とデジタル変革モード、そしてモードを具体化したデジタル施策を、経営環境と経営意思に応じてアップデートし続けている段階である。企業戦略レイヤーで最終的に目指す営みが、DI／DXマネジメントだ。

本章はこの結論を念頭に置きながら、リ

ソース・ベースト・ビューが3ステップにどうつながっていくのか、その論理展開を順に追っていただきたい。ロジックを深く理解していただくことが、コマツのデジタル変革の歴史を読み解くうえで欠かせないからだ。そして、コマツの事例を読み解くことができなければ、3ステップを使いこなすことはできない。

それでは第2章と同じく、まずはリソース・ベースト・ビューの概観へと入っていこう。

2 リソース・ベースト・ビューの実務応用の鍵は「活動システム」にあり

リソース・ベースト・ビューとは

第2章で事例として取り上げた富士フイルム。富士フイルムは事業をまたぐ強みである「写真で培った技術」を、事業を横断する貴重なリソースとして生かし、有効な企業戦略を展開している。「写真で培った技術」としては、ヘルスケア事業領域における酸化還元制御技術やナノ分散技術、マテリアルズ事業領域における製膜技術や精密塗布技術などがそれに当たる。粒子形成技術などヘルスケアとマテリアルズにまたがるコア技術もある。それらを生かし、彼らが成長事業と位置付ける領域で差別化されたポジションを築いている。

では、富士フイルムにおける競争優位の源泉の一つとも言える「写真で培った技術」とは、一体どのようなものと位置付けられるのだろうか。

リソース・ベースト・ビューとは文字通り、競争優位の起点を中核的な強みを形成する「リソース」に置く経営理論である。リソース・ベースト・ビューの主張は、突き詰めると次のようにまとめられる。

〈リソース・ベースト・ビューの主張〉

◉価値ある企業リソースを持ち、それが希少なとき、その企業は競争優位を実現する。
◉希少であるとは、そのリソースが模倣困難で、代替が難しいことを意味する。
◉模倣困難性は蓄積経緯の独自性、因果曖昧性、社会的複雑性で特徴付けられる。

これらの主張の意味するところと、その価値や限界を理解するには、事業ポートフォリオ論と同じく、その系譜を紐解く必要がある。

リソース・ベースト・ビューの系譜

リソース・ベースト・ビューの系譜も、アンゾフの「競争に勝つにはコアとなる強みがなくてはならない」という主張から始まった。事業ポートフォリオ論と同じく、起点がアンゾフであるのは驚きだ。

本格的な論考としては1959年のエディス・ペンローズに始まり、1991年のジェイ・B・バーニーの論文によって、一つの理論としてまとめ上げられた。

〈エディス・ペンローズ（1959年）〉

アメリカの経済学者、ペンローズは『企業成長の理論』において、企業成長の原動力をリソースに求めている。企業は経験を通じて、人材・技術などのリソースを活用する術を学ぶことで成長する。逆に、リソースの不足は、企業成長の足かせともなるのである。

均衡分析など静的な視点が経営理論の主流であった当時、リソースを活用した企業成長というダイナミックな変化に注目したペンローズは異彩を放ったが、大きな注目を集めるまでには至らなかった。

〈バーガー・ワーナーフェルト（1984年）〉

企業が市場においてどれだけ儲けられるかは、経済学の完全競争の条件をどれだけ崩すことができたかが左右する。完全競争の条件には、市場価格に影響を与えられない、市場参入・撤退の障壁がない、商品・サービスが差別化されていないなど複数あるが、アメリカの経営学者、ワーナーフェルトは「リソースが他企業へコストや障害なく移動できる」という「リソース」に関する条件に注目した。すなわち、企業はリソースを独占していれば（＝リソース条件を崩せば)、より儲けられると主張したのだ。
リソースの視点が経営理論化され、リソース・ベースト・ビューの幕が開いた。

〈インゲマル・ディエリックスとカレル・クール(1989年)〉

ワーナーフェルトの「リソースの独占」に対し、「リソースの模倣困難性」が重要であると主張したのが、経営学者であるディエリックスとクールである。
画期的だったのは、「リソースの組み合わせ」に着目したことだ。企業は人材、技術、ブランドなど複数のリソースを持ち、それらを組み合わせることでビジネスを行っている。彼らはその一つひとつの価値よりも、組み合わせ方に肝があると主張したのだ。

◉蓄積経緯の独自性:時間をかけて組み合わせながら蓄積したリソース群ほど、その企業独自のものとなるので模倣されにくい。
◉因果曖昧性:因果関係が複雑なリソースの組み合わせほど、どれが価値の源泉となっているのかがはっきりしないので模倣されにくい。
◉社会的複雑性:リソースが、複雑な人間関係や社会的関係に依拠するほど、競合がそのリソースを活用することが難しくなるので模倣されにくい。

このように、リソース群の組み合わせが一定の条件を持つとき、競合の模倣は困難になるとした。

〈ジェイ・B・バーニー（1991年）〉

先に述べてきたような流れの中で、アメリカの経営学者であるバーニーが1991年に「Firm Resources and Sustained Competitive Advantage（企業の資源と持続的な競争優位）」を発表した。この論文では、「各企業の経営資源は異なる」「各企業の経営資源は企業間を移動しない」という前提を置いたうえで、本節冒頭で提示した主張をまとめ上げている。

- ◉価値ある企業リソースを持ち、それが希少なとき、その企業は競争優位を実現する。
- ◉希少であるとは、そのリソースが模倣困難で、代替が難しいことを意味する。
- ◉模倣困難性は蓄積経緯の独自性、因果曖昧性、社会的複雑性で特徴付けられる。

バーニーの論文をもって、リソース・ベースト・ビューは一つの完成を見たと言ってよい。「リソース・ベースト・ビュー」と言うと、あまり馴染みがないように感じる方が多いかもしれないが、「コアコンピタンス」という言葉であればご存じのはずだ。ビジネスの世界では一般用語となっている。このコアコンピタンスこそ、バーニーの言う「価値があって、希少で、模倣されにくいリソース」という言葉で定義付けられるコンセプトなのである。

しかし、リソース・ベースト・ビューに対しては、多くの批判もなされている。実務への応用が難しいことがその理由である。

リソース・ベースト・ビューの限界と、それを乗り越える「活動システム」

リソース・ベースト・ビューは、「企業は価値があって、希少で、競合から模倣されにくいリソースを持つべき」と言っているが、これでは具体的に何をすればよいかがわからない。企業の実務者が知りたいのは、「リソースの価値を高めるにはどうすべきか」「リソースを模倣困難にするにはどうすべきか」といった処方箋のはずだ。

この限界の乗り越え方を、早稲田大学大学院経営管理研究科（ビジネススクール）の入山章栄教授が著書において示唆している。1996年にアメリカの経営学者、マイケル・ポーターから提示された、リソース・ベースト・ビューと親和性の高いアプローチである「活動システム」がそれである。

「活動システム」とは、対象企業のビジネスモデルの鍵となるリソースとそれを活用した活動のつながりを図示するものである。「活動システム」は、独自性ある戦略で高い収益性を達成・維持している企業に贈られるポーター賞の受賞企業紹介においても、必ず掲出されている。

図表3－2および3－3を見ていただきたい。これらは、丸亀製麺とワークマンの「活動システム」を描いたものである。それぞれの企業のコアコンピタンスが明示されており、それを取り巻く活動とその裏にあるリソースの複雑な絡み合いも一目瞭然となっている。

例えば、丸亀製麺（図表3－2）。「讃岐の製麺所でのうどん体験」という顧客価値を核に、「美味しいうどんを打ち立て、茹でたてで」「求めやすい価格」で提供するというコアコンピタンスも明示されている。そして、麺匠や自動調節できる茹で釜などのリソース、適量を茹でる需要予測という活動など、コアコンピタンスを支えるものたちも同時に見てとることができる。

また、最近著しい躍進を遂げているワークマンの活動システムはどうだろう（図表3－3）。「ＷＯＷな製品」をつくり出す開発力、「徹底した標準化と効率化」などが強調されている。これらがコアコンピタンスと言ってよいだろう。需要予測や自動発注などのシステムリソース、それを活用したデータ経営など、ワークマンの躍進を支える仕組みが明らかにさ

図表3-2　丸亀製麺の活動システム

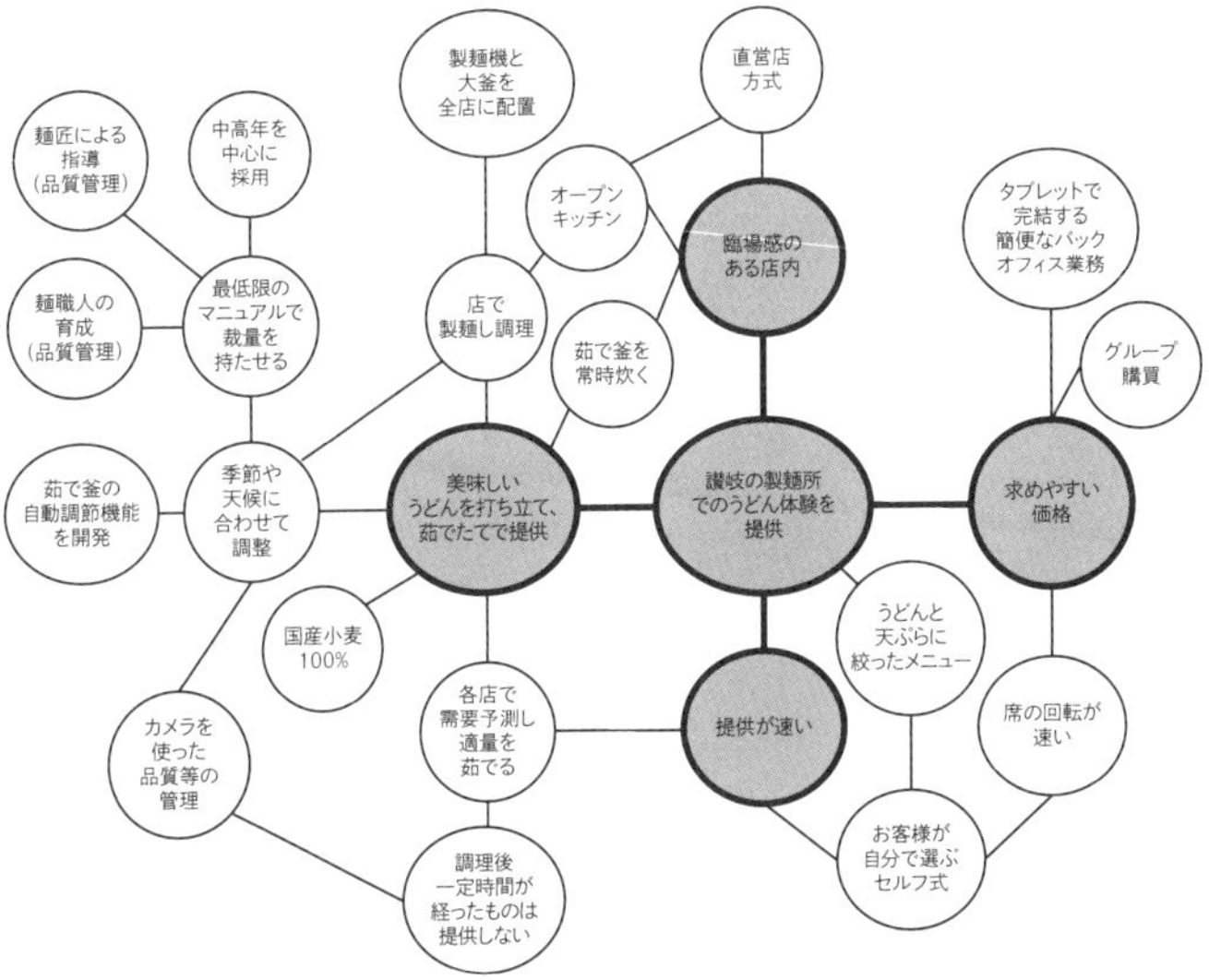

出所：ポーター賞HPより転載。https://www.porterprize.org/pastwinner/

れている。

このように「活動システム」を描き、より一貫性と模倣困難性を高める方策を考えること。これが、リソース・ベースト・ビューの限界を乗り越える一つの処方箋なのである。

図表3-3　ワークマンの活動システム

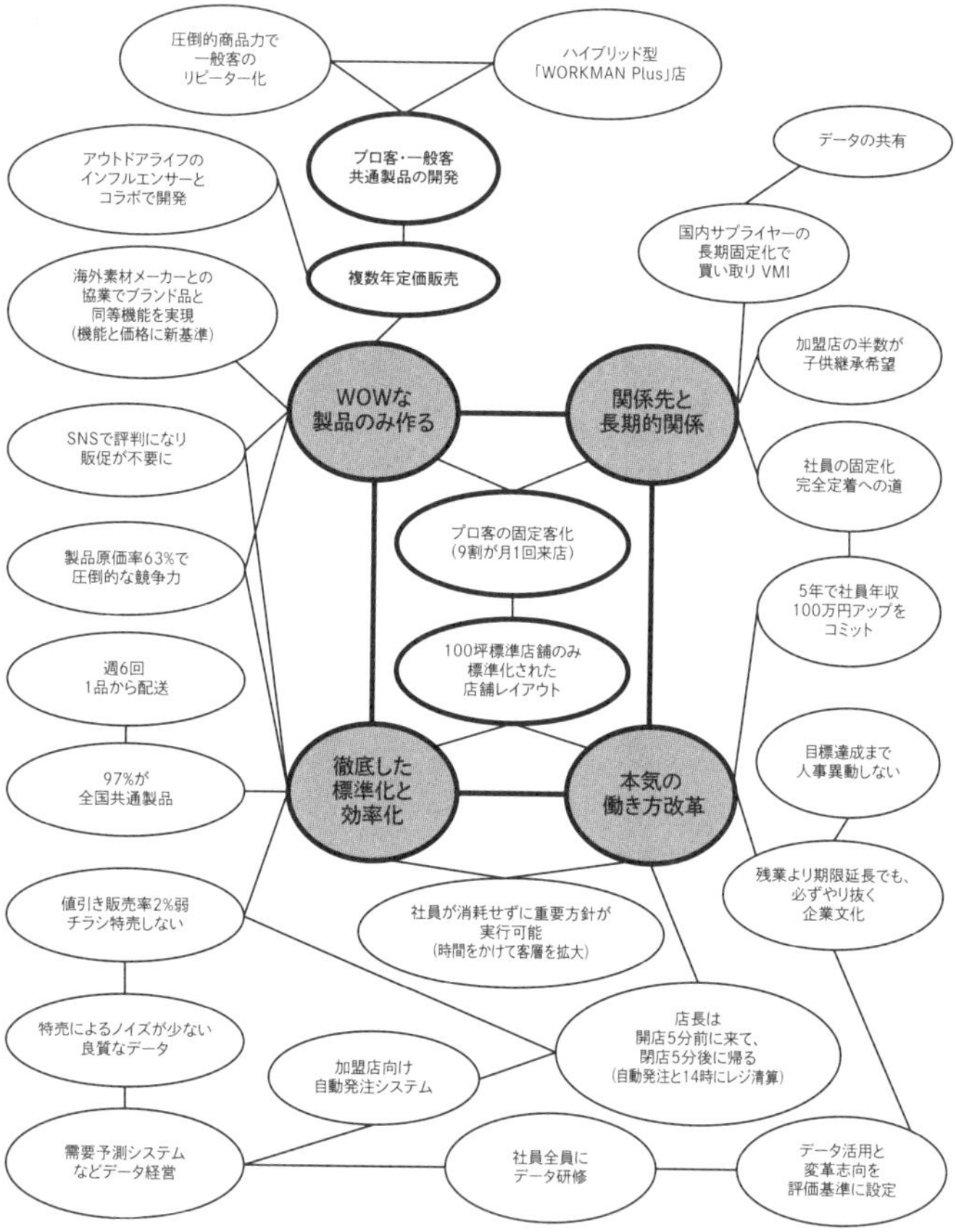

出所：ポーター賞HPより転載。https://www.porterprize.org/pastwinner/

3 活動システムとの交点に浮かび上がるデジタル変革の3ステップ

活動システムは、リソース・ベースト・ビューから描くデジタル変革への地図

企業戦略レイヤーで目指す営みは、DI／DXマネジメントであることは先に述べた。DIは、デジタル技術によるビジネスモデル要素の高度化であり、DXは、デジタル技術によるビジネスモデル要素の転換である。どちらを実現するためにも前提となるビジネスモデル、すなわち価値提供と収益獲得の仕組みを正しく捉えておく必要がある。

もう読者の皆さんも、お気づきではないだろうか。そう、DIやDXを図るには、活動システムを可視化できている必要があるのだ。価値提供と収益獲得の仕組み（＝ビジネスモデル）と活動システムは非常に近い概念であり、活動システムは、仕組みを描く粒度を細かくしたものと言ってもよい。

活動システムを可視化できていれば、DIを図るうえでのデジタル技術の効き所を見誤ることがなく、とるべき施策も発想しやすい。DXを図るうえでも、どこをどうディスラプト

できる可能性があるのかを見極めやすい。自社の価値提供と収益獲得の仕組みがわかれば、自社の壊し方もわかるのである。

このように活動システムは、ＤＩとＤＸの可能性を探るのに有効だ。ゆえに、企業戦略レイヤーで目指す営みであるＤＩ／ＤＸマネジメントにおいて欠かせない地図となるのである。

まずはDIを通じて、活動システムを見つめ直す

活動システムの出来具合いが、ＤＩ／ＤＸの出来具合いを左右する。では、ＤＩ／ＤＸを進めるうえで、有効な活動システムの条件とは一体どのようなものだろうか。主な条件は３つある。

- ◉**条件１**：コアコンピタンスが読み取れる
- ◉**条件２**：コアコンピタンスを支えるリソースと活動が仕組みとして読み取れる
- ◉**条件３**：リソースや活動の中でデジタル施策が効くものが透けて見える

これらの条件を満たしているからこそ、効果的なデジタル活用ポイントを見極めることができ、ひいてはＤＩ／ＤＸを成し遂げることができるのだ。

前述の丸亀製麺やワークマンの活動システムは、これら3つの条件をすべて満たしている好例である。条件1と条件2を満たしていることは既に述べたが、デジタル施策が効く箇所も当たりをつけやすい。

例えば、丸亀製麺では、カメラを使った品質管理、各店での需要予測、グループ購買などがそれに当たるだろう（図表3－4）。また、ワークマンでは、需要予測システムや加盟店向け自動発注システムなどがそれに当たる（図表3－5）。

条件を満たす活動システムを描く手っ取り早い方法は、実際にＤＩに挑み、いくつかの施策を実装し、その結果の総括まで行ってみることだ。コアコンピタンスを紐解き、それを支えるリソースと活動を見定め、効くデジタル施策へ落とし込んでいくのである。

すべての事業において、この一連のＤＩプロセスを一度やり切ることで、使える活動システムが一旦でき上がる。その後は、ＤＩとＤＸを重ねる中で、活動システムをアップデートしていけばよいのだ。

図表3-4　丸亀製麺の活動システムにおけるデジタルの効き所

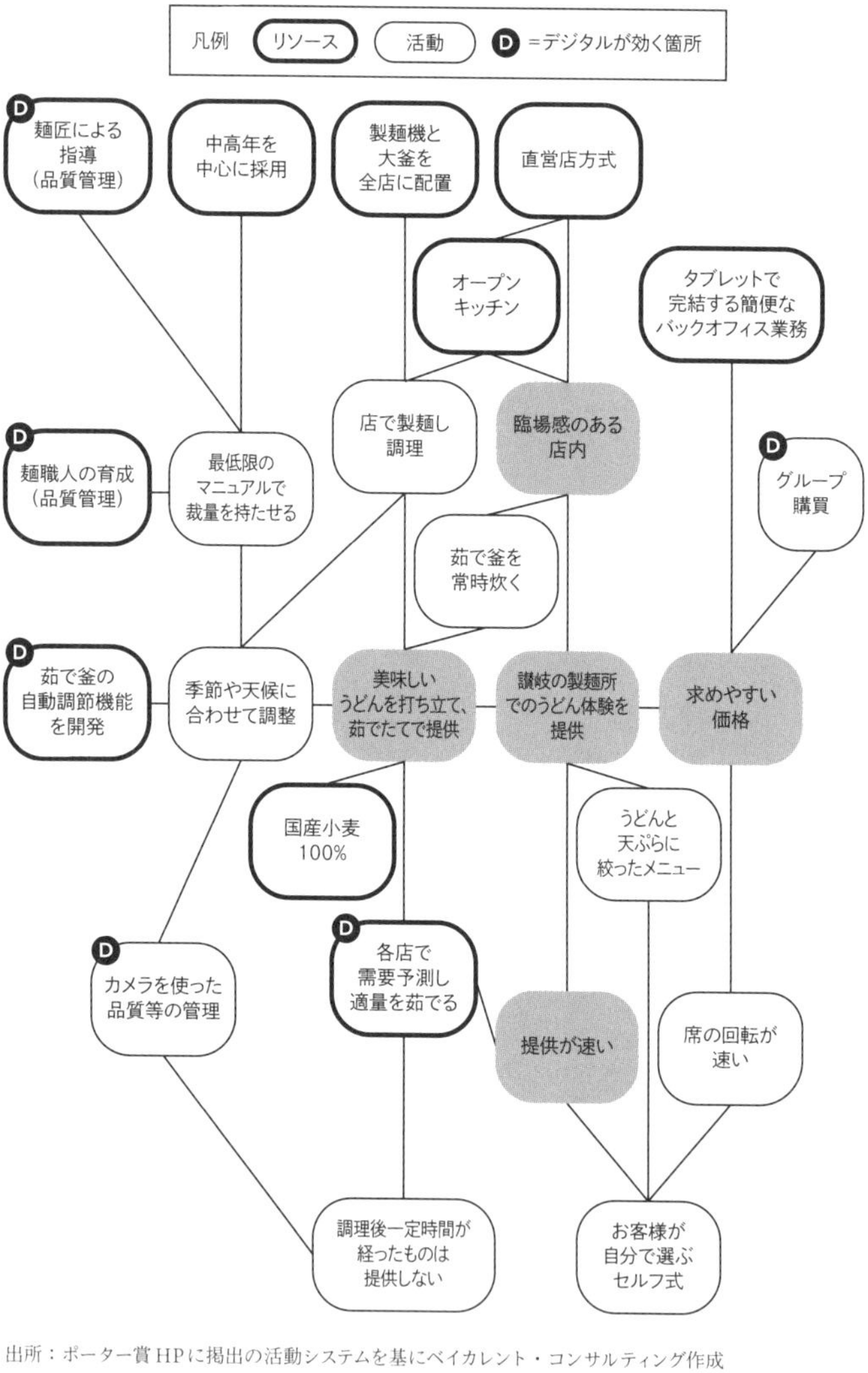

出所：ポーター賞HPに掲出の活動システムを基にベイカレント・コンサルティング作成

図表3-5　ワークマンの活動システムにおけるデジタルの効き所

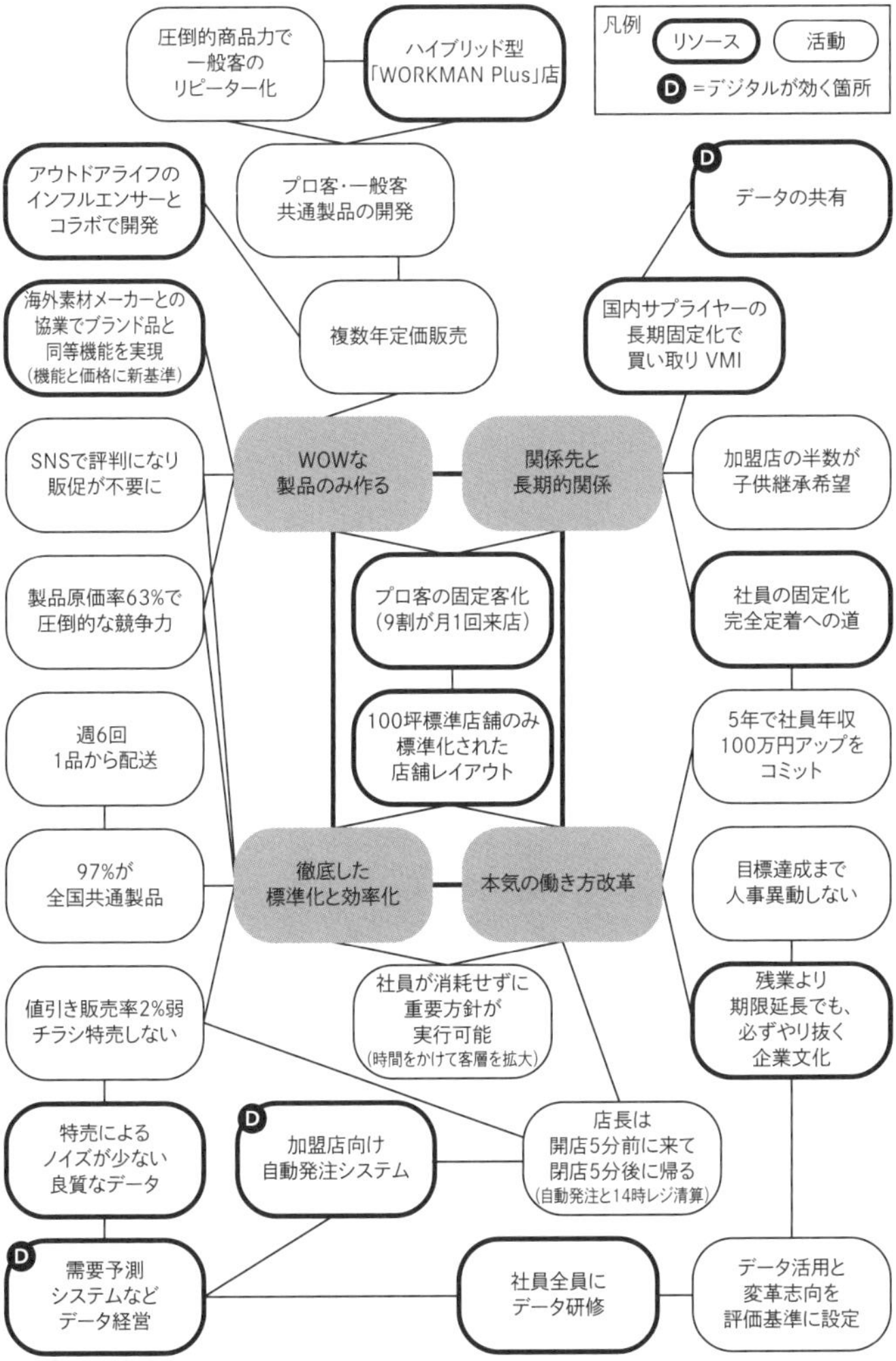

出所：ポーター賞HPに掲出の活動システムを基にベイカレント・コンサルティング作成

図表3-6　デジタル変革の3ステップの狙いと取り組み内容

	狙い	取り組み内容
デジタルパッチ	●最低限の技術的理解を得る	●特定部門内で、小さな取り組みを機動的に試し、デジタル技術に触れる
DI（1st）	●一定の成果をあげる中で、有効な活動システムを描き出し、デジタル技術の効き所を見極める	●すべての事業において、早期の成功が望めるDI施策に挑み、実装・総括までの一連のDIプロセスをやり切る
DI/DXマネジメント	●共通リソースを強化し、事業間に相乗効果を働かせる	●事業ポートフォリオやデジタル施策、および活動システムをアップデートし続ける

デジタル変革の「営み」へ至る3ステップ

繰り返しになるが、企業戦略レイヤーで最終的に目指すのは、DI／DXマネジメントを営み続けている状態である。そして、DI／DXマネジメントに入る前段階として取り組んでおくべきは、すべての事業において、いくつかのDI施策をやり切っておくことである。さらにその前段階の準備として、実際にデジタル技術を触ってみることも欠かせない。

一足飛びにDI／DXマネジメントへ至るのは難しいが、目指す段階から逆算したこのステップをたどれば、着実に歩を進めることができるだろう。これこそが「デジタルパッチ」「DI（1st）」「DI／DXマネジメント」の段階で構成される、デジタル変革の「営み」へ至る3ステップだ（図表3－6）。

〈デジタルパッチ〉

デジタル技術に触れ、それがどのようなものかを体験し、最低限の技術的理解を得る段階がデジタルパッチである。既存のビジネスモデルを前提に、チャネルやオペレーションなどの個別領域へ部分的にデジタル技術を適用してみるのだ。

大きな成果を狙う段階ではないため、小さな取り組みをいろいろと機動的に試せるようにしておくことがポイントだ。その意味でも、この段階では取り組みを無理に広げず、特定部門内にとどめておくことが望ましい。

〈DI（1st）〉

現在のビジネスモデルの構成要素を、デジタル技術で高度化するいくつかの施策にチャレンジしながら、後に続く段階で活用可能な活動システムを描き出す段階である。DIへ本格的に挑む最初のチャレンジとなるため、DIの後ろに（1st）を付けている。

活動システムを描き出すためには、「顧客価値」「利益方程式」「経営資源」「主要プロセス」から成るビジネスモデルの構成要素全般にわたって、それぞれを高度化するDIに取り組む必要がある。それを通じて、価値提供と収益獲得を支えるリソースと活動を特定しなければならない。

ここでポイントとなるのは、一筋縄ではいかない積年の課題に足を突っ込み過ぎないことだ。例えば、レガシーシステムの問題に足を突っ込み過ぎると、施策の完遂に数年間を要してしまうことになる。それでは時間がかかり過ぎである。この段階では、データレイクなどを活用した機動性を優先した対応をとるべきだ。

また、アジャイル型ワークスタイルへの転換など、デジタル変革を進めるうえで必要となる組織変革についても、この段階から着手しておくことが好ましい。

〈DI／DXマネジメント〉

事業ポートフォリオ戦略とデジタル変革モード、そしてモードを具体化したデジタル施策を、経営環境と経営意思に応じてアップデートし続けている段階である。企業戦略レイヤーで最終的に目指す営みだ。

この段階のポイントは2つある。まずは、ＤＩとＤＸに伴って変化していく活動システムを、事業ポートフォリオ戦略やデジタル施策と同様にアップデートし続けていくこと。そのうえで、事業間で共通する強みとなるリソースや活動を見極め、それを意図的に強める形でデジタル技術を活用し、事業間に相乗効果を働かせることである。

前段階の「DI（1st）」では、事業ごとにDIを進めた。しかし、DI／DXマネジメントの段階では企業戦略のレイヤーへ視座を上げ、共通リソースの強化にも目配りすることが肝要となるのである。

以上、リソース・ベースト・ビューに始まり、それと親和性が高いアプローチである活動システムを結び目として、デジタル変革の3ステップへと落とし込んでみた。では、理論発で定めたこの3ステップは、実務においてどこまで有効性があるのだろうか。

そこで次に、DXの先進企業として有名なコマツの取り組みの歴史を振り返り、3ステップの妥当性を検証するとともに、拠り所となる先進事例としても整理してみたい。

4 3ステップで読み解くコマツのデジタル変革の歩み

コマツのデジタル変革は3ステージに分かれる

日本のDX先進企業の代表格であるコマツ。コマツのデジタル変革は、3つのステージに分かれている。

まずは1990年代後半、コマツのデジタル変革の起点となったコムトラックスステージ。可能性を感じるデジタル技術を物色したり、目の前の課題にとりあえずデジタル技術を使ってみたりしていた段階だ。その試行錯誤の中で、コムトラックスが生まれていく。

次は、2001年から2014年のIoT／ICT建機ステージ。機能拡張したコムトラックスの標準搭載や、建機のICT実装の推進により、顧客価値を研ぎ澄まし、従来のビジネスモデルを高度化していった。ハードの性能や品質といった価値にメンテナンスなどのサービスも加えることで、さらなる価値を創出する方向へシフトしていく。

そして現在進行中なのが、スマートコンストラクションステージ。複数のプロダクト、ソ

図表3-7　コマツのデジタル変革の歩み

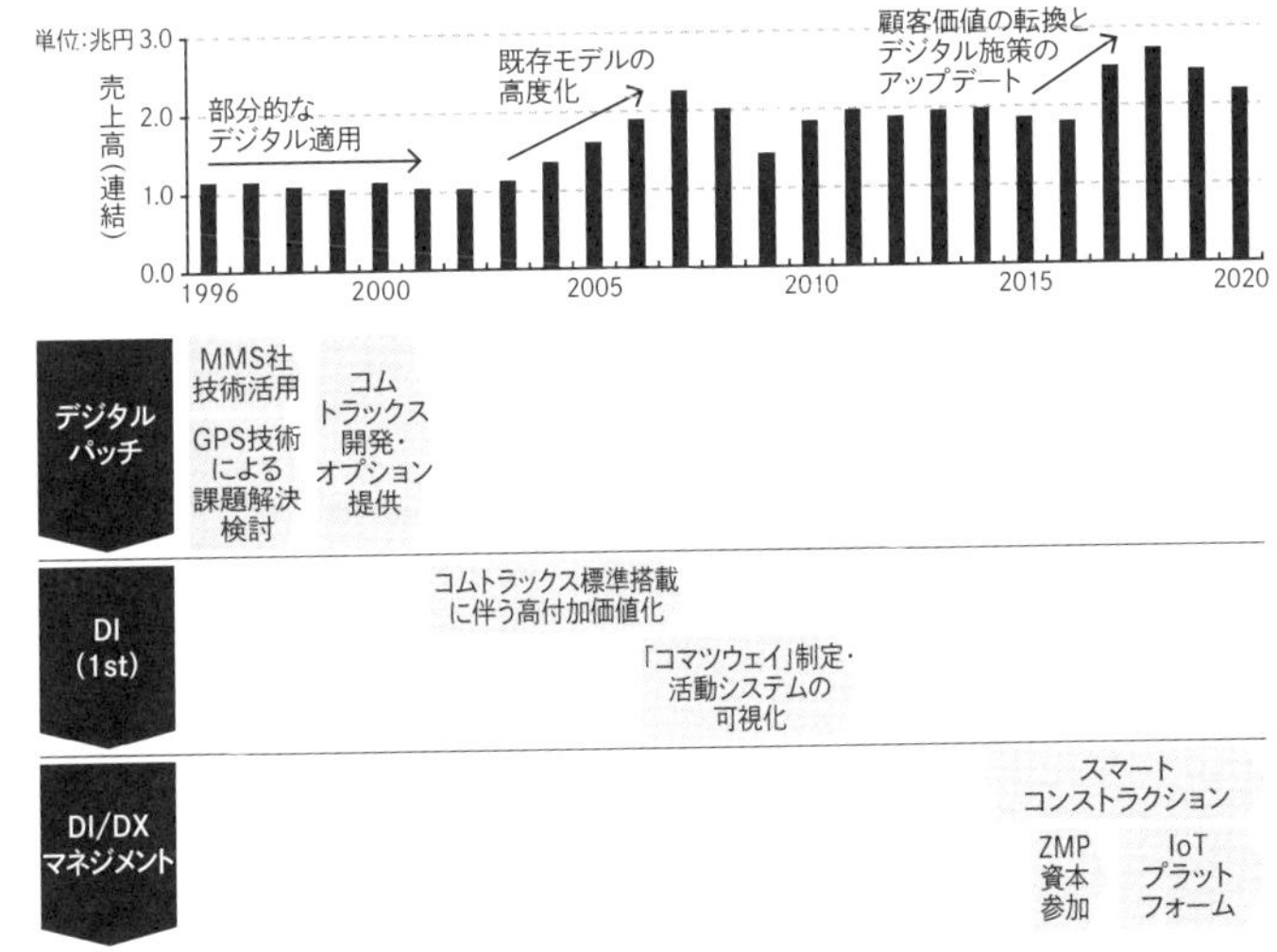

リューションを統合して、工事現場の作業を丸ごとデジタル技術で効率化することを狙うものであり、工事というコトへのデジタル武装だ。

コマツのデジタル変革の歩みは、奇しくもリソース・ベースト・ビューから導いた3ステップと合致しているように見える（図表3－7）。その認識は妥当なのか。ここからはコマツの歩みを詳しくたどりながら、検証していく。

コムトラックスステージ（1996年～2000年）＝デジタルパッチ

コムトラックスステージは、1996年、コマツが米Modular Mining Systems

（ＭＭＳ）社を買収したことに始まった。

ＭＭＳ社は、世界中の鉱山で車両の運行管理システムを開発していたスタートアップである。この段階ではまだその価値の大きさを測りかねていたと推測されるが、最新のデジタル技術に触れるという姿勢が、後のダンプトラックの無人運行につながっていく。

これとは別の話だが、その２年後の１９９８年、日本でコマツのパワーショベルを使ったＡＴＭ盗難事件が相次いだ。警察はコマツにも事件を防ぐための協力を要請し、そのとき出てきたアイデアが、建機の動作をＧＰＳで監視するというものだった。

これに車両センサーや通信機能を加えて生まれたのが、建設機械の情報を遠隔監視する機械稼働管理システム、「KOMTRAX（コムトラックス）」だ。やがて、顧客の要望に沿って取り付けるオプション機能として評判になっていった。

コムトラックスの誕生は、目の前の課題にとりあえずデジタル技術を使ってみるところからスタートし、デジタル技術に触れ、どんなものか体験しながら行った試行錯誤の賜物である。コムトラックスステージはまさにデジタルパッチの段階であり、この段階を通じてＤＩの種が育まれていった。

IoT/ICT建機ステージ（2001年～2014年）＝DI（1st）

オプション搭載だったコムトラックスを、自社建機へ標準搭載することに踏み切ったのが2001年だ。標準搭載に合わせて機能を盗難予防から拡張し、部品の交換時期や燃料の無駄遣いなども顧客へ適時通知できるようにするとともに、機械のより効率的な利用方法についても提案できるようにした。建機の価格は上がったが、建機へのデジタル技術の統合は、新たな価値を生み出せるという確信がコマツにはあった。

実際、コマツ製建機への顧客の評価は高まり、多少価格が高くなっても購入してもらえる競争力を得たのである。ハードの性能や品質だけで勝負する時代は終わり、メンテナンスなどのサービスで新しい付加価値を提供することが、次のコマツの収益源、競争力になることを、コマツは身をもって知った。

デジタル技術を活用して顧客価値を研ぎ澄まし、建機をつくって売るという従来のビジネスモデルを高度化するＤＩ（１st）の段階に、このとき突入したと言える。この成功体験と、デジタル技術を生かせば従来の枠を超えて顧客の困りごとに応えられるという気づきが、コマツのＤＩを加速させていく。

図表3-8　コマツの活動システムにおけるデジタルの効き所

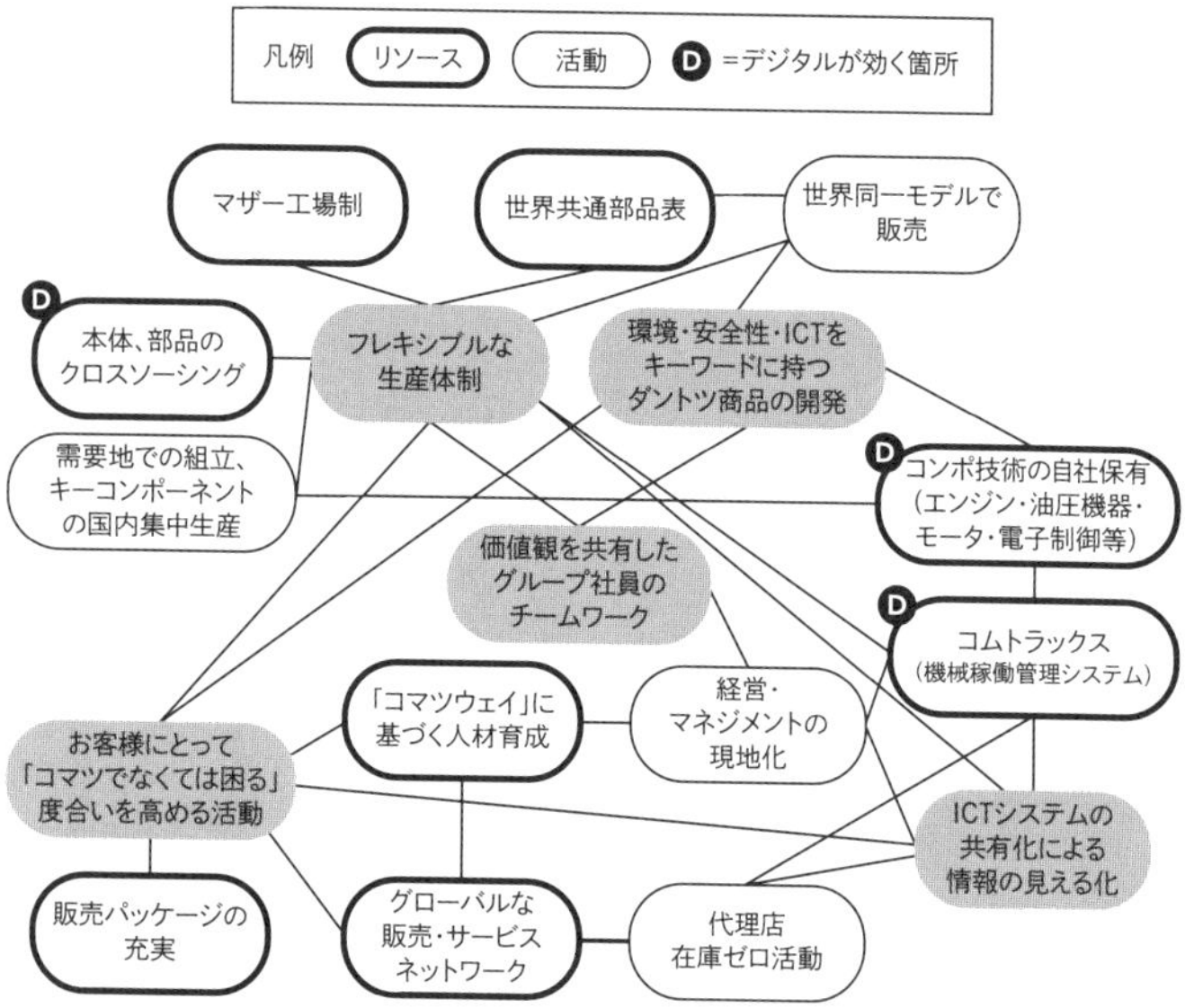

出所：ポーター賞に掲出の活動システムを基にベイカレント・コンサルティング作成

2008年には、超大型ダンプトラックの無人稼働を実現するシステムの商用導入を開始。2013年には、自動ブレード制御機能を搭載したICTブルドーザーを市場投入した。その間の2011年、研ぎ澄ましたビジネスモデルが評価され、ポーター賞の受賞に至っている。ここで、受賞時に発表された活動システムを我々なりに読み解いてみたい（図表3－8）。

コマツの活動システムは、競争力や事業間の相乗効果の源泉となっているリソースと活動が整理されたものとなっている。そのため、デジタル技術を活用しうるポイントも見いだしやすい。
「世界共通部品表」や「グローバルな販売・サービスネットワーク」などといったリソースは、事業を商品別で捉えても、国・地域別で捉えても、事業間で共有している強みである。また、コムトラックスやコンポーネント製造技術など、デジタル技術を活用できる箇所も特定できる。

切れ味の良い活動システムを描ける背景には、ポジショニングよりコアコンピタンスを重視するコマツのアプローチがある。組織文化の変革に着手したのも、このＤＩ（１st）の時期だ。コマツのモノづくりの考え方や行動規範を記した「コマツウェイ」の初版が２００６年に発行されたのは有名な話である。

ＤＩでの一定の成果、ＤＩを通じた活動システムの可視化、組織変革。これらＤＩ（１st）で求められることを成し遂げたコマツだが、顧客のニーズはさらに先を行くものがあった。ＩＣＴ建機を使った部分の作業効率は上がるが、工事全体の工期はそれだけでは短くならない——工事全体へと広がる顧客ニーズに応えるべく、コマツはいよいよＤＸへと飛躍する。

スマートコンストラクションステージ（2015年〜現在）
DI／DXマネジメント

コムトラックスでは、建機というモノにデジタル武装を施した。次にコマツが見据えたのは、工事というコトへのデジタル武装だ。デジタル技術を生かした複数のプロダクト、ソリューションを統合して、工事現場の作業を丸ごと効率化することを狙ったのだ。それが次なるソリューション、スマートコンストラクションである。

２０１５年に打ち出された、このソリューションは、コマツの顧客への提供価値を抜本的に転換するものであり、他の日本企業に先駆けてＤＸをスタートさせたと言える。

核となるのは、ＤＩ（１st）の段階で磨いてきたＩＣＴ建機だ。最新鋭の建機が掘削地点の位置や状況をリアルタイムで把握しながら、事前に登録した設計データ通りに掘削から整地までの作業を自動でこなす。

コマツの役割はＩＣＴ建機の提供にとどまらない。現場の工事をどう進めるかの企画段階から深く関わっている。まずはドローンで現場の様子を撮影。現場の地形を３Ｄで表現し、最も効率の良い施工方法を顧客と一緒になって考える。これを基に設計図面を作成し、ＩＣＴ建機に登録すれば、先に述べた施工作業の自動化を実現できる。施工作業を自動化できれば、現場の省人化も可能になり、安全性を高めることもできる。

これが、スマートコンストラクションの概要だ。コマツはスマートコンストラクションサービスの提供によりDXを成し遂げたが、その後はDIへとモードチェンジし、現在もスマートコンストラクションをデジタル技術で磨き込み続けている。

2015年には、ロボットベンチャーの先駆者であるZMPへ資本参加し、自動運転技術を強化。2017年には、NTTドコモ、SAPジャパン、オプティムと建設業界向けIoTプラットフォーム、LANDLOG（ランドログ）を立ち上げた。まさにコマツは「DXの先にDIあり」を体現しており、DI／DXマネジメントの営みに至っている。2019年には、スマートコンストラクションの導入現場は、6000超に達した。


コマツの歩みから気づかされるのは、デジタルパッチ、DI（1st）、DI／DXマネジメントの3ステップの有効性だ。この着実な歩みがあってこそ、目指す営みに到達できる。では、自社のデジタル変革は今どのステップにあるのだろうか。そして次のステップに進むためには、何が足りないのだろうか。それを推し測るものの一つとして、コマツの事例を活用していただきたいと思う。また、ここまでたどってきたように他の先進事例も3ステップで読み解いてみることで、きっと新たな気づきを得られることだろう。

第3章のまとめ

●企業戦略レイヤーで目指す営みは、事業ポートフォリオ戦略とデジタル変革モード、そしてモードを具体化したデジタル施策を、経営環境と経営意思に応じてアップデートし続けている状態である。この状態を、DI／DXマネジメントと呼ぶ。

●本章では、リソース・ベースト・ビューを入口に、それと親和性の高い「活動システム」を目指す営みへ至る地図に据え、デジタル変革の3ステップを導いた。

●リソース・ベースト・ビューの主張は、「企業は価値があって、希少で、競合から模倣されにくいリソースを持つべき」というものである。リソースとは、人材、技術、ブランドなどの経営資源を指し、デザイン力などの組織的能力もその範疇に入る。

●リソース・ベースト・ビューは実務への応用が難しいが、「活動システム」を描くことで、対象企業のビジネスモデルの鍵となるリソースとそれを活用した活動のつながりが一目瞭然となる。

●的を射たDIやDXを図るには、この活動システムを可視化できている必要がある。活動システムを正しく描くことができれば、自社のビジネスにおけるデジタル技術の効かせ所、およびデジタル技術による壊し所が透けて見えるからである。それらが見えてこそ、目指す営みであるDI／DXマネジメントを実践できる。

●有効な活動システムを描く手っ取り早い方法は、一度DIに挑み、その結果の総括まで行ってみることだ。これを「DI（1st）」と名付ける。

●また、DIに挑む準備段階として、デジタル技術に触れ、どのようなものかを体験し、最低限の技術的理解を得る段階、デジタルパッチも欠かせない。

●すなわち、デジタルパッチ→DI（1st）→DI／DXマネジメントこそが、デジタル変革の3ステップなのである。

ここで、JERA取締役副社長執行役員 奥田氏との対談を読んでいただきたい。足もとでDIをやり切る重要性、加えてそれを中長期の企業ビジョンにどうつなげていくかを伺うことができた。奥田氏の語る内容は、企業戦略論との交点を意識した取り組みのお手本とも言える内容であるとともに、事業戦略論との交点へもつながる内容でもある。経営者がそれぞれの交点をどう意識しているか、ぜひ多くの示唆を得ていただきたい。

特別対談

株式会社JERA 取締役
副社長執行役員 経営企画本部長
奥田久栄

×

株式会社ベイカレント・
コンサルティング
則武譲二　橋本 航

見据えるのは、「量り売り」から「環境価値ビジネス」への転換 デジタル変革のコアであるIT基盤づくりの成功が、その試金石

「CO_2が出ない火をつくる。」

世界最大級の燃料・発電事業会社JERAは、ゼロエミッション火力と再生可能エネルギーで、2050年CO_2排出ゼロに挑戦する。

発電の常識を変える挑戦だ。


この挑戦とデジタルは切り離せない関係だという。

クリアなビジョン、経営戦略があって初めてデジタルが生きてくる。


足もとの取り組み、そして中長期ビジョンに通底するものは何なのか。

JERAにおける経営戦略とDXの交点を探る。

経営とデジタルが密にリンクすることで見えた「IT基盤づくり」の重要性

則武 世界最大級の発電規模、燃料取引量を誇る企業体として事業を推進されていますが、各事業の収益を左右するドライバーに対してデジタル変革はどう寄与しているのでしょうか。

奥田 まずは、JERAの事業構造からお話をすると、国内外の発電所、燃料、船舶などのアセットに投資してリターンを得る事業開発本部、トレーディングとマーケティングを担う最適化本部、発電所の運転と保守、それからエンジニアリングサービスを主たる業務とするO&M・エンジニアリング本部という、3つのプロフィットセンターが存在します。

いずれにおいてもデジタル変革の意義は極めて大きいと言えます。ここからはそれぞれの事業におけるデジタル変革についてお話しします。

まず、事業開発本部においては、アセットマネジメントへのインパクトが大きいでしょう。投資事業で一番大切なのは投資案件をモニタリングし、リターンの状況によって資産の入れ替えを行い、ポートフォリオ全体で見た場合に一定以上のリターンが得られる状態にすることです。したがって、ダッシュボードを整え、国内外すべてのアセットの状況を絶えずモニタリングし、数値がレンジを外れればアラートが上がり、ポートフォリオの見直しを図るといった一連の仕組みが必要となります。これらを手管理で実施するのには限界があります。ここにデジタル変革の意義があります。

奥田久栄氏　株式会社JERA取締役 副社長執行役員 経営企画本部長

次に、最適化本部のトレーディングにおいては、燃料市場のトレーディングを見ても、石炭、LNG、天然ガスと複数の商品があります。ここで一番大事なのはリスク管理です。バリュー・アット・リスク（予想最大損失額）、ストップロス（損切りライン）の2つの指標でリスクの割り当てをして、そのリスクの中でトレーディングが行われているかをモニタリングする必要があります。したがって、リスク管理の観点から常時モニタリングできる仕組みが不可欠です。電力市場でもトレーディングを行っていますが、ここでも別の台帳で同じような管理が必要になります。なによりこの最適化事業の真骨頂は海外の燃料市場と国内の電力市場をつないだうえで、利益を最大化できるよう取引を迅速に実施することです。これらにはシステム的なバックグラウンドが必要であり、データが一元化されていることで可能になるわけなので、デジタル変革と相性が良いということです。

最後にO&M・エンジニアリング本部に関してですが、当社が保有する資産で最も多いのが発電所です。日本の火力発電量の約半分を担っており、日本の電気の3分の1を供給している。これらの運転・保守、エンジニアリングサービスが利益の源泉となっています。JERA発足時に、5年間で1000億円のシナジー効果を出し、そのうち600億円をコストダウンで実現するという目標を立てました。オペレーションやメンテナンス、性能管理を大胆に新しいやり方に変えることによってコストダウンを図るのが現実的だと考えました。「デジタルパワープラント」の実現はその一環で、デジタル技術の活用が目的だったわけではなく、600億円という大規模なコストダウンを実現するための手段という位置付けです。

則武　3つのプロフィットセンターとデジタル変革は非常に相性が良いと改めて感じました。

デジタル変革は実際にどのような手順で進められたのでしょうか。

奥田　最初に手を付けたのは、デジタル変革のベースとなるＩＴ基盤づくりです。ここをしっかりやらないと、多数のシステムが乱立して何もつながっていない、いわゆるシステムのサイロ化に陥りかねません。ですからＪＥＲＡは、伝統的なシステムづくりから脱却することを前提にスタートしています。

当社は、事業統合によって東京電力と中部電力から事業を切り出す形でスタートした企業です。統合に際して、古い慣習やシステムを持ち込まないというルールをあらかじめ取り決めました。だからこそ、ゼロからシステムをつくるということが可能になったわけです。まずはグローバルスタンダードであるＳＡＰを導入し、基幹システムづくりに取り掛かり、それをベースにフルクラウドへの移行を行いました。それと並行して、データの一元化にも取り組みました。

則武　ＩＴ基盤整備の重要性を認識していても、それ自体が目的になってしまうなど、迷走しがちな企業が少なくありません。非常に大掛かりなプロジェクトにもかかわらず、御社では基盤整備が着実に進捗してきたのはなぜでしょうか。

奥田 デジタル変革を経営戦略の一環として捉えていることにあると思います。先にしっかりとした経営戦略があって、それを実現する手段としてデジタル技術の活用があるという位置付けです。

その考えに基づき、まず私が本部長を務める経営企画本部内にデジタル／ICT部門を設置しました。そこにグローバル企業のCIO経験者であり、当社でグローバルCIDO（Chief Information and Digital Officer）を務めるサミ・ベンジャマを招き入れました。彼とのコミュニケーションを深めることで、経営戦略とデジタル変革をリンクさせていきました。その過程で日本企業のデジタル変革が立ち遅れている最大の原因は、IT基盤のサイロ化にあると気づくことができたのです。

橋本 時間がかかってもIT基盤整備を徹底することが、何よりも重要だという結論に至ったわけですね。

奥田 そうです。レガシーシステムを修正しながら社内のデジタル変革を進めるのは無理だと感じましたし、今後デジタル技術を活用したサービスの提供をよりスピーディーに行うためには、やはりフルクラウド化も必須だと思いました。それには当然多くの時間を要しますが、ここは我慢の時なのだと納得できました。

当社にも、ITベンダー等から様々な提案が持ち込まれ、中には魅力的なものがあるのも事実です。しかし、それを場当たり的に個々の事業部が使い始めれば、サイロ化してしまうのが目に見えています。まずはIT基盤という足腰をしっかりとつくるという方向性が定まっていたからこそ、手近なものに飛びつくことなくやってこられたのだと思います。

則武 IT基盤整備の進捗状況と、各プロフィットセンターにおける現状と課題についてもお聞かせいただけますか。

奥田 着手から2年弱で基幹システムをつくり上げ、フルクラウドへの移行も90%ほど完了しています。並行して進めているデータの一元化は、もう少し時間がかかりそうです。ここは基幹システムと異なりゼロからつくることができないので、各社のデータを統一されたデータの枠組みにはめて構成し直す必要があります。人力がいる分だけどうしても時間がかかってしまいます。

ＩＴ基盤が整いつつあるので、ここからいよいよ応用ステージと言いますか、活用の本格化に入ろうかという段階ですね。あえて一つ問題点を挙げるならば、完成までの2年を待たずに3つのプロフィットセンターのデジタル変革に着手したため、暫定的な対応が一部必要となっていることです。

事業開発本部の投資マネジメントでは、完全に一元化されたデータ基盤・インフラ基盤とつながって動いているわけではないので、一部については手作業で動いています。これは稼働し始めた段階で想定できていたことなので、管理指標を作成し、整理できたデータから順次、自動化されたダッシュボードに置き換えています。

最適化本部はバリューチェーン全体の最適化を図るのが目標ではありますが、バリューチェーン横断でのデータ一元化がまだ完了していないため、現状ではその段階に至っていません。ビジネスを止めての作業と違い、ビジネスを走らせながらのＩＴ基盤構築ですから障壁に直面することも多く、その難しさを痛感しているところです。

もう一つ、複雑さを増す要因となっているのが、シンガポールに拠点を置くJERA Global Markets（ＪＥＲＡＧＭ）のデータ一元化が進んでいない点です。同社はEDF TradingとＪＥＲＡの合弁事業として発足した組織であり、EDF Tradingのシステムがまだ残った状態なので、ここをＪＥＲＡ基盤のものにつくり変えていく必要があります。
悪戦苦闘する2つの本部に対して、O&M・エンジニアリング本部のデジタルパワープラントについては、ゼロに近いところからのスタートであり、加えて明確なコストダウン目標もあるので、順調な進捗と言えるでしょう。

経営とデジタルの密結合は、トップとボトムが噛み合った〝ルネサンス〟をも成し遂げる

則武 ここまでプロフィットセンターを対象にお話しいただきましたが、経営全体のマネジメント改革の観点ではいかがでしょうか。

奥田 ここまでお話ししたIT基盤づくりは、会社全体のマネジメントシステムを格段に効率化、あるいは高度化することにもつながっています。
私自身、企画部門が長かったのですが、共通のデータをいつでも見られる状態になく、経営会議用の資料をつくるために都度あちこちからデータを集めてくる必要があり、作業に膨大な時間を要していました。これがデータにアクセスでき、ダッシュボード化されるようになるので、その分の作業がすべてなくなります。私を含め他の社員も、

従来は就業時間の8割を作業に取られ、考える時間、つまり価値創造のために使える時間は残りの2割しかありませんでした。ところが優れたIT基盤を得ることでこれが逆転し、作業時間を2割程度にとどめ、持てる時間の8割を価値創造のために割くことが可能になるのです。IT基盤づくりによって、まさに〝ルネサンス（人間復興）〟をも成し遂げていく。これは画期的なことです。

則武　IT基盤整備を経営課題として捉え、そのうえで様々な角度から価値創造を実現するというのは非常に合理的ですね。環境変化が激しい中、ルネサンスを成し遂げる重要性もこれまで以上に高まっています。

奥田　そうですね。ボトムアップだけではうまくいかなくて、やはり明確なトップダウンがないといけない。つ

橋本 航《うえお》　株式会社ベイカレント・コンサルティング　マネージングディレクター

まり、デジタル変革の前にクリアなビジョン、経営戦略などがあって初めてデジタルが生きてくると思います。

トップが、経営ビジョン・戦略やそれを達成するためのＫＰＩ、理想の働き方を具体的に提示することが大前提になるでしょう。２０３０年にはこんな会社になろうよ、そのためにこんな働き方をして、各部門のＫＰＩはここまで達成しようよ、と。

それを受けてボトムの側は、ＫＰＩをいち早く達成するアイデアを模索したり、デジタル技術をどう効果的に使うかを吟味したりといった価値創造の取り組みに注力する。そういうプロセスがきちんとつくれてトップとボトムが嚙み合ってくると、経営戦略とデジタル変革がシンクロしながら動くという好循環に入るのではないでしょうか。

則武 ボトムの側が活発に動けている背景には、クリアなビジョン・戦略、ＫＰＩがあるわけですね。

奥田 それに尽きると思います。ＫＰＩを設定せずに行われる取り組みは、だいたいうまくいきません。ボードメンバーが達成すべきＫＰＩ、各本部が達成すべきＫＰＩ、そして当社でいえば発電所にあたる現場のＫＰＩ。いわゆるバリューツリーが形成されていることで、好循環が醸成されていくわけです。

口で言うのは簡単ですが、実際のところ、日本企業できれいなバリューツリーを構築できている会社はほとんどないと思います。当社においてもまだ構築の途中です。

橋本　現在、御社では経営陣がデジタル変革にもかなり踏み込んだスタンスを取られていますが、その中で何を大切にされていますか。

奥田　経営者自身がデジタルについて学ぶ姿勢が重要ですね。デジタル技術で何ができて、何ができないのか。例えばＡＩは何が得意で、何が不得意なのか。そこさえ理解できれば、後のことは現場に任せればいいのです。そのために、13名から成る経営陣を対象にデジタルアカデミーを行い、デジタルに対する理解を深め、メンバー間でコンセンサスを取る体制をつくっています。

橋本　今後は経営陣、デジタル／ＩＣＴ部門、各プロフィットセンターの役割がどのように形を変えていくことを想定していらっしゃいますか。

奥田　現在は初期段階という位置付けで、経営陣とデジタル／ICT部門を中心にIT基盤づくりを進めていますが、将来的には主役は各事業部門に移っていくのが自然でしょう。そうなったときは、サミが率いるデジタル／ICT部門は、コンサルのように傍に寄り添って伴走していくことになるのではないかと思います。

ゼロエミッション2050の実現にはDXが不可欠

則武　御社は2020年10月に、「JERAゼロエミッション2050」という大きな目標を掲げられましたが、これにはデジタルがどう効いてくるのでしょうか。

奥田　「脱炭素」に正面から向き合うために、ゼロエミッションへのチャレンジを打ち出しました。どういうアプローチで実現していくかについても宣言しています。

1つは、再生可能エネルギーとゼロエミッション火力との相互補完です。ご存知のように日本は国土が狭く、山の割合が70％を超えているうえ、平地部分にも余裕がありません。太陽光発電も水力発電もスペースの確保ができず、洋上風力も周辺の海が深いので難しい。そうした制約条件が多い中で再生可能エネルギーだけに頼れば、ゼロエミッションの実現は非常に遠いものになってしまいます。でも、火力のゼロエミッション化ができれば、目標達成は一気に現実味を帯びてくるわけです。この方針のもと、2030年、40年、50年にこうしますよという、具体的な目標値を示したロードマップをつくっています。

2つ目が、国・地域に最適なロードマップの策定です。我々は独自にシミュレーションを重ねた結果、「再エネ+火力」がベストであるという結論を導き出しましたが、これは日本の場合の話で、国が変われば当然条件が違うので、処方箋は一つではありません。我々が進出している国・地域においても、いつまでにどのような組み合わせでゼロエミッションを目指すか、それぞれのロードマップを整備していきます。

3つ目が、スマート・トランジションの採用です。将来の革新技術の登場をただ待っているのではなく、今できる最善を尽くしながら、イノベーションによって利用可能になった技術をその都度組み合わせていく。それを繰り返すことで少しずつ目標に近づくという考え方です。

実はこれらの取り組みとデジタルは切り離せない関係になっています。「CO_2フリー」という価値は、これまでのようにメーターで量ることができないんですね。では、どう量るんだというところからのスタートになるわけです。火力発電所でグリーン燃料を燃やしてつくられた電気がCO_2フリーであると証明することは、非常に難しい。例えば、グリーン燃料がCO_2フリーの形でつくられていることを保証しようとすると、グリーン燃料である水素やアンモニアの混焼比率、燃焼温度などのパラメーターを踏まえてCO_2フリーの電気がどの程度できたかを管理する必要があります。つまり、バリューチェーン全体に及ぶ一連のトレーサビリティを確立し、最後はデジタル証明書を付けて送り出さなければなりません。

則武譲二　株式会社ベイカレント・コンサルティング
代表取締役社長

そのためには、共通のデータ・インフラ基盤の存在が不可欠です。言い換えれば、デジタル技術なくして成立しないビジネスであり、従来の「量り売り」ビジネスとは大きく異なる「環境価値ビジネス」なのです。

今後、CO_2を管理し、世間に公表していく義務については様々な産業で求められるでしょう。自社が毎月使っている電気の量や、そのうちCO_2フリーが占める割合などについて、的確に答えることが必要となります。そうしたことに対して、デジタル証明書を示しながら、的確にフォローすることも我々の重要な責務になります。

則武　今のお話を伺うまで、ゼロエミッションに向かうDXと、既存の3つのプロフィットセンターでの取り組みはまったく別のものだと捉えていましたが、実は根底でつながっているのですね。

奥田　そうですね。マーケティングの方法が大きく変わるので、販売のプロセスに関しては新たな仕組みを構築する必要がありますが、基本的な部分は大きく変わるわけではありません。

そういう意味でもバリューチェーン全体を管理できる仕組みでなければならないし、何より場当たり的なやり方であってはならないのです。

デジタル変革に王道も近道もない

則武 私は数多くの企業のデジタル変革に関わってきましたが、それだけを切り出して扱うことに、次第に違和感を抱くようになりました。デジタルは確かに注目すべき技術ではありますが、次々出てくる様々な技術の一つであることには変わりありません。本日のお話を伺って、やはりデジタル変革だけを切り出して語るのは不自然で、クライアントの企業経営全体を一緒に考えていかなければいけないのではないかという思いを、改めて持ちました。

奥田 おっしゃる通りです。あまり特別なものと思わないほうがいいですね。デジタルありきでなんでもやろうとするのは間違いのもとでしょう。

橋本 デジタル技術の進化によって技術選択の幅が広がり、それらの出現サイクルが早くなったことで、早く追いつかなくてはという思いがそうさせるのかもしれませんね。

奥田　経営全体でコンセンサスがあって、デジタルへの理解がしっかりとしていれば、そういうことにはならないと思うんです。偉そうなことを言いましたが、我々も迷いながら進んでいる状態。やればやるほど、デジタル変革には王道がないと痛感します。だからこそ大事なところをすっ飛ばしてはいけないし、地道にやっていくしかありません。まずはビジョン、経営戦略、事業計画をきっちり固めることが一丁目一番地で、それに基づいたバリューツリー上で、トップからボトムまで個々にKPIを追いかけていく。さらに経営者がコミットしてデジタルへの理解を深めていくこと。戦略、バリューツリー、経営者の理解、この3つのどれが欠けてもうまくいかないし、これらがクリアできて初めて〝DX戦略〟というものが結果として生まれるのだと思います。簡単に言ってしまえば、「普通の経営をきちんとやる」ということなのです。それから今後10年、20年先を見据えれば、インフラ基盤、データ基盤、クラウド化の整備を今やっておくことは必須でしょう。

則武　今やっておくことが後々に大きく効いてきますから、どんな企業にとっても、極めて大事な局面です。

奥田　我々はたまたま再統合というタイミングだったからできたという部分が大きいのは事実です。企業構造改革とセットでないと、レガシーシステムを打ち切って、ＩＴ基盤づくりから始めるということはできないのではないかと思います。その意味では、日本のほとんどの企業は、企業構造の大胆な改革をちょうど行うべきタイミングにきています。ＪＥＲＡを立ち上げた経験から言えることは、このチャンスをつかんで動かなければ、デジタル変革を展開するための基盤づくりはできないということです。

profile 奥田久栄（おくだ・ひさひで）
株式会社JERA
取締役副社長執行役員 経営企画本部長
中部電力株式会社側のキーパーソンとしてJERA設立における経営の枠組みづくりに注力し、JERAへの既存火力の統合と統合後の新たなビジネスモデルを抜本的に新設した経験を持つ。2021年4月に取締役副社長へ就任。現在はJERA全体の経営戦略・企画・調査・広報を担務し、世界のエネルギー市場に新しい価値を生み出す企業展開に従事。

事業戦略論とＤＸの交点

第4章

ビジネスモデルに効くデジタルインテグレーションの具体像

1 本章の概略と読み方

「デジタル施策の小粒感が拭えない」

デジタル変革の停滞に直面するクライアントの多くで、よく聞く言葉である。悩みの声を踏まえクライアントにヒアリングを重ねてみると、各社とも意外なほどデジタル変革に真摯に取り組んでいる。各部門から上がってくるデジタル施策はアイデアに富み、その多くは実行に移されている。企画中および実行中の施策は、企画部門によってよく整理されてもいる。

一方でそれと同時に、停滞する各社に共通して感じる事柄がある。ほとんどの施策が、決定打に欠ける印象を受けるのだ。つまり、クライアントのビジネスモデルの急所を外した施策となってしまっているのである。

事業戦略とは、詰まるところビジネスモデルであることは第1章で述べた。そのビジネスモデルの急所を外してしまっては、施策が小粒に終わるのは当然の帰結となる。自社のビジネスモデルを適切に理解したうえで、売上をドライブするポイントや、コストを左右するポイントへデジタル技術の潜在力をダイレクトに効かせてこそ、大きなインパクトが望める。売上をドライブするポイントや、コストを左右するポイントを「収益ドライバー」と呼ぶが、この収益ドライバーこそ、ビジネスモデルの急所なのである。

本章では、デジタル施策の決定打に悩む企業へ処方箋を提供すべく、ビジネスモデル論とDXの交点を掘り下げてみたい。この作業にあたり、考察のスコープはぐっと絞り込み、対象とするデジタル変革モードを「DI」に設定する。

すでに第3章で述べた通り、「DI」はデジタル変革を図るすべての企業・事業が3ステップの第2段階「DI（1st）」として一度はたどるべきものである。一方で、ほとんどの企業・事業が、このDI（1st）において、その決定打のなさと悪戦苦闘している。ゆえに、本章ではビジネスモデルに効くDIを明らかにすることに焦点を絞り考察していく。

まずは、列挙に終わりがちなビジネスモデルを体系的に整理するところから始めたい。整理の軸として、ビジネスモデルの構成要素から成る5つのレンズを提示する。この5つのレンズごとに整理した13のビジネスモデルを用いれば、自社のビジネスモデルを再認識することができるはずだ。

続いて、ビジネスモデルごとにDIカタログを順に紹介していく。DIカタログとは対象ビジネスモデルごとに定めたものであり、「ビジネスモデル概要」「収益ドライバー」、収益ドライバーに効く「DIコンセプト」、それを具体化した「デジタル施策例」、そしてその結果創出される「潜在利益インパクト」をコンパクトに整理したものだ。

ＤＩコンセプトごとの潜在インパクトの大きさは、デジタル変革に携わる大企業管理職を対象に行ったサーベイに基づいて試算している。自社のビジネスモデルに最も適合したデジタル施策をやり切れば、どれだけの利益改善を実現し得るのかを具体的な数値で認識していただきたい。加えて、ＤＩコンセプトごとに、具体的な取り組み事例を紹介している。各社工夫を凝らした取り組みを展開しており、参考になることと思う。

ビジネスモデルの進化は、事業が持続的な成長を図っていくうえで必須の営みである。ＤＩの先にＤＸあり、ＤＸの先にＤＩあり。デジタル技術を活用したビジネスモデルの継続的な進化のためにはＤＩは不可欠のパーツだ。その観点で言えば、本章の内容は「点ではなく営みを目指す」という本書のこだわりに直結するものとも言える。

また本章では、あえてＤＩに絞ってビジネスモデル論との交点を探っていく。これは、２つ目のこだわりである「変革は２つのモードに分けて進める」を意識したものである。ＤＸとビジネスモデルの交点は、また別の角度からの考察が必要になるものの、まずはＤＩとの交点を明らかにすることが前提となると考えるからである。

最後のこだわりである「最先端を解き明かす」については、ＤＩコンセプトごとに紹介する取り組み事例がそれに当たるだろう。

本章は、ＤＩの方向性や具体施策の検討を行う際の〝辞書〟として活用していただければと考えている。第2節は辞書の見方に関わる部分として必ず目を通していただき、第3節以降は、まずは自社のビジネスモデルに該当する節や、興味あるビジネスモデルの節など、読みたいところから読んでいただくのがよいと思われる。そのうえで、将来的なビジネスモデルの転換、すなわちDXを図るうえで関連するところを適宜通読していただくという順序を、効果的な〝辞書〟の使い方としておすすめしたい。それでは、まずビジネスモデルの読み解きから、本章をスタートさせる。

2

ビジネスモデルを読み解く

ビジネスモデルとは

「自社が営む事業は、いかなるビジネスモデルをとっているのか」。この問いに、どれだけの人が自信を持って答えることができるだろうか。仮に10人のビジネスパーソンに問いかけたとしても、明確な答えは返ってこないだろう。「なんとなく」ビジネスを営んでいる人が少なくないのだ。自社のビジネスモデルを理解しないでDIを進めることは、目隠しをしてボールを投げることと変わりない。DIを図るうえで、ビジネスモデルの理解は不可欠と言える。

そのビジネスモデルは、1990年代前半まで、論じられる機会は稀であった。ビジネスモデルが注目を浴びたのは1990年代の後半からであり、それほど昔の話ではない。ビジネスモデル論の先駆けとなったのは、経営思想の六賢人と呼ばれたエイドリアン・J・スライウォツキーである。1997年に出版した共著『プロフィット・ゾーン経営戦略』で、利益獲得モデルの存在を明らかにし、22のモデルに整理した。この利益獲得モデル

図表4-1　ビジネスモデルの4つの要素

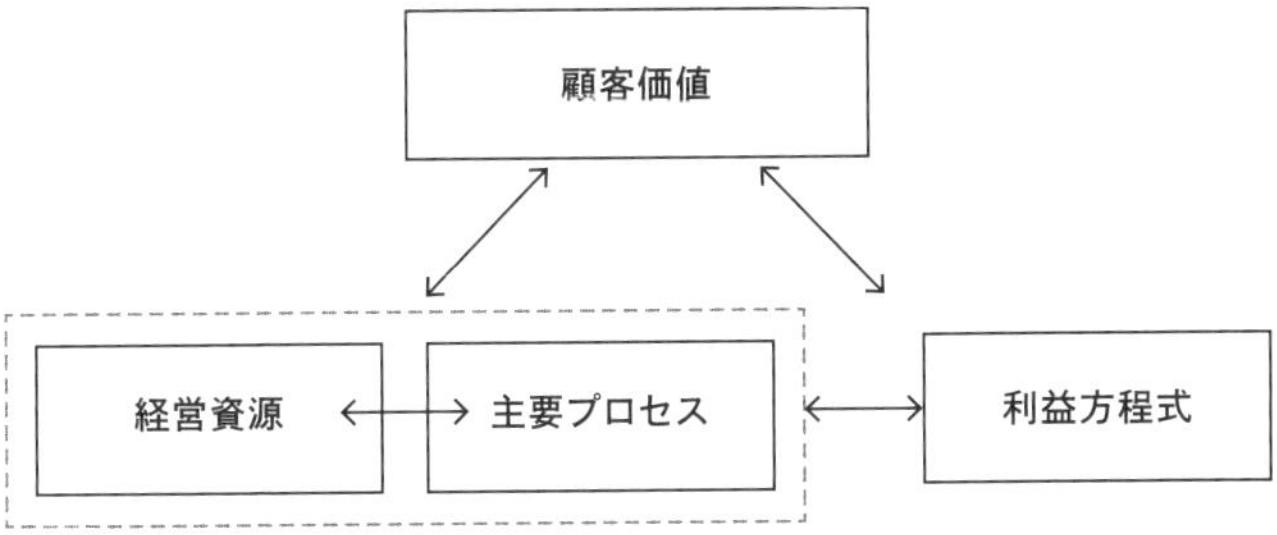

がビジネスモデルの原型となっている。

その後、ビジネスモデル論は発展を続け、様々な定義が出てきたものの、本書では第1章で述べた通り、2010年にマーク・ジョンソンが提唱したビジネスモデルの定義に則って論を進めていきたい。

彼はビジネスモデルを、「顧客と企業の双方にとっての価値をどのように創造・提供するかを表現したもの」として、「顧客価値」「利益方程式」「経営資源」「主要プロセス」の4つの要素で説明した。ビジネスモデルの読み解きに入る前に、ここで一度これらの定義を振り返っておこう（図表4－1）。

ビジネスモデルの定義

「顧客価値」「利益方程式」「経営資源」「主要プロセス」の4つの要素で構成される価値提供と収益獲得の仕組み。

〈顧客価値〉

◉顧客の課題をそれまでより有効に、あるいは確実に、便利に、安価に解決することを助ける商品やサービス、およびそれが有する価値。

◉顧客はその価値に一定の金銭的対価を支払う。


〈利益方程式〉

◉顧客・自社・株主にとっての価値を継続的に実現するための財務的青写真。

◉売上モデル、コスト構造、経営資源の回転率などで描かれる。


〈経営資源〉

◉顧客価値を実現するために必要な人材、施設や設備、資金、技術、チャネル、ブランドなど。


〈主要プロセス〉

◉持続可能、再現可能、拡張可能、管理可能な形で、経営資源を動かし、顧客価値を実現するための手段。例えば、業務プロセスやそれを支えるルールや評価基準、行動規範な

ど が該当する。

◉主要プロセスは経営資源を動かす手段のため、経営資源と密接に関係している。

読み解きの第一歩として、この4つの要素を手掛かりに、まずはビジネスモデルの体系化を試みてみたい。

数多あるビジネスモデルは5つのレンズと13のモデルで体系化できる

自社が営む事業のビジネスモデルを正しく認識するためには、ビジネスモデルを捉えられる枠組みが必要である。そこで、我々は世に数多あるビジネスモデルを体系化することを試みた。

結論から言えば、マーク・ジョンソンの4つの要素の一部をもう一段ブレイクダウンし、5つのレンズとすることで概ねのビジネスモデルを捉えることができる。

主要プロセスを「バリューチェーン」と「生産方式」にブレイクダウンする。「バリューチェーン」と「生産方式」は、主要プロセスを別の観点で捉える必要があるため分けている。

このように定めた5つのレンズから見える13のモデルの組み合わせを使うことで、世の中のビジネスモデルはほぼすべて表現することができる。本当にこれらの組み合わせで表現できるかを検証する前に、13のモデルについてそれぞれ簡単に紹介しておこう（図表４－２）。

経営資源のレンズの先には、３つのモデルがある。「労働集約型」「資本集約型」「知識集約型」の３つだ。何を主要な経営資源とするかによって分類することができる。

そして、バリューチェーンのレンズの先にはおなじみのモデルがある。バリューチェーンのほぼすべてをカバーする「インテグレーター」と、特定の機能だけをカバーする「レイヤープレイヤー（開発特化）」「レイヤープレイヤー（製造特化）」「レイヤープレイヤー（販売特化）」である。

続く、生産方式のレンズの先には２つのモデル、「マスプロダクション」と「マスカスタマイゼーション」がある。プロダクトアウト的に大量生産するか、個々のニーズに合わせにいくかで２つに分類される。

また、利益方程式のレンズの先には、こちらもよく見る分類である「売り切り」と「サブスクリプション」がある。「サブスクリプション」については適切な定義を認識いただきたいので、説明は後述する。

最後に、顧客価値のレンズの先には、「ノンフリル」と「ラグジュアリー」がある。ノンフリルは聞き覚えのない言葉かもしれないが、余剰サービスを省いたコアな商品・サービス

図表4-2　5つのレンズから見える13のビジネスモデル

構成要素		ビジネスモデル		概　要	例
経営資源		労働集約型		● 主要プロセスの大部分を人の労働力に頼る	介護、学習塾
経営資源		資本集約型		● 主要プロセスの大部分を生産設備などの固定資産に頼る	電気・ガス、不動産
経営資源		知識集約型		● 主要プロセスの大部分を人による頭脳労働に頼る	製薬
主要プロセス	バリューチェーン	インテグレーター		● バリューチェーンのほぼすべての部分をコントロールする	ユニクロ、イケア
主要プロセス	バリューチェーン	レイヤープレイヤー	開発特化	● バリューチェーンのうち、開発機能だけに特化する	Arm、バルミューダ
主要プロセス	バリューチェーン	レイヤープレイヤー	製造特化	● バリューチェーンのうち、製造機能だけに特化する	鴻海精密工業、TSMC
主要プロセス	バリューチェーン	レイヤープレイヤー	販売特化	● バリューチェーンのうち、販売機能だけに特化する	ほけんの窓口、家電量販店
主要プロセス	生産方式	マスプロダクション		● 限られた品種の商品を大量に生産し、規模の経済を利かせる	量産型パソコン、紳士服店
主要プロセス	生産方式	マスカスタマイゼーション		● 大量生産に近い生産性を保ちつつ、個々のニーズに応じた商品やサービスを提供する	DELL、オーダーメイドスーツ
利益方程式		売り切り		● 商品やサービスの価値を企業が生成し、顧客は対価を支払い消費する	ほとんどの商品・サービス
利益方程式		サブスクリプション		● 顧客は利用する期間に応じて料金を支払い、企業と顧客の双方で価値を協創する	公文式、タイムズカーシェア
顧客価値		ノンフリル		● 余剰サービスを省き、コア品質を下げることなく低価格で提供する	QBハウス、100円ショップ
顧客価値		ラグジュアリー		● 卓越した品質の商品やサービスを、高価格で提供する	ルイ・ヴィトン、フェラーリ

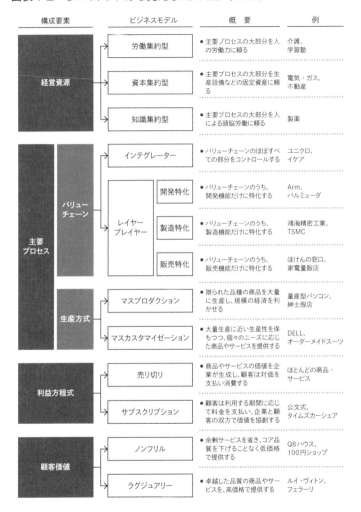

を、品質を下げずに低価格で提供するモデルである。一方で、ラグジュアリーは、卓越した品質を担保した商品を、高価格で提供するモデルを意味する。

図表4－3を見てほしい。よく耳にするビジネスモデルが、これら13のモデルもしくはその組み合わせで表現できることが見てとれるだろう。世に提示されている数十を超えるビジネスモデルは、ここに示した5つのレンズと13のモデルを用いることで概ね説明が可能なのである。

なお本章は、ＤＩに挑む既存大企業を読み手として想定しているため、プラットフォームやロングテールなどのデジタルプレイヤー特有のモデルは除いている点をお断りしておく。いずれにせよ、数多のビジネスモデルは5つのレンズと13のモデルで体系化することが可能なのである。

デジタル技術の活用を見据えた収益ドライバーの特定の仕方

デジタル施策が、決定打を欠いた小粒なものになりがちな原因の1つ目である、自社のビジネスモデルを適切に認識できていないという問題は、ビジネスモデルの体系化によってクリアすることができる。次は、いかにビジネスモデルの急所を突くかである。加えて、その

図表4-3　ビジネスモデル例と13のモデルの関係性

凡例　○○（矢印で結ばれた破線の円）：いずれかのモデルを採用

ビジネスモデル	労働集約型	資本集約型	知識集約型	インテグレーター	レイヤープレイヤー 開発特化	レイヤープレイヤー 製造特化	レイヤープレイヤー 販売特化	マスプロダクション	マスカスタマイゼーション	売り切り	サブスクリプション	ノンフリル	ラグジュアリー
ビジネスモデル **D2C** 概　要 ● スモールマス向けに自社商品を直接販売する 例 直営店・自社ECサイトを持つコスメブランド				●				○	○	○	○	○	○
ビジネスモデル **フリーミアム** 概　要 ● 基本機能を無償提供し、より高度な機能は有償とすることで収益を得る 例 クレジットカード											●		
ビジネスモデル **アズ・ア・サービス（SaaS、PaaSなど）** 概　要 ● 従来の商品機能をサービスとして継続的に提供する 例 ダイキンのAaaS				●							●		

急所はデジタル技術の潜在力がいかんなく発揮される箇所でなければならない。

多くの企業ではこれまで、売上をドライブするポイントやコストを左右するポイント、すなわち収益ドライバーについてはずっと考え抜いてきたはずである。にもかかわらず、なぜ急所を外すデジタル施策が後を絶たないのだろうか。それは、そもそも収益ドライバーを意識せずに思いつくアイデアを手当たり次第に実行してしまっているか、デジタル技術の潜在力が発揮される箇所を見つけるのが不得手だからだと推測される。

前者については、収益ドライバーを意識していただきたいと言うしかない。一方で、後者についてはコツがある。それは、ビジネスモデルの特性を踏まえた収益ドライバーの候補指標の中で、デジタル技術によって可変域が広がる変数に着目することである。具体例を第3節以降で詳述したい。

ビジネスモデルからデジタル施策までセットでカタログ化する

自社のビジネスモデルと収益ドライバーを改めて認識できたところで、次は収益ドライバーに効くＤＩの方向性を定め、具体的なデジタル施策へと落とし込んでいく段階に入る。このＤＩの方向性を本書では「ＤＩコンセプト」と呼ぶ（図表４－４）。なおＤＩコンセプトの定義にあたっては、デジタル技術の実用化状況と、それを用いた具体的なデジタル施策を想定しながら進めた。

ＤＩコンセプトを踏まえたＤＩ施策の企画・実行の現場では、ビジネスモデルを起点とした一連のセットが揃っていることが〝外さない〟ＤＩを図っていくうえで有効だ。一連のセットとは、「ビジネスモデル概要」「収益ドライバー」、キーテクノロジーを含む「ＤＩコンセプト」、それを具体化した「デジタル施策例」、その結果創出される「潜在利益インパクト」をコンパクトにまとめ上げたものだ。

これを〝ＤＩカタログ〟と呼びたい。図表４－５は、そのイメージである。次節以降はビジネスモデルごとにカタログを示しつつ、その内容を説明していく。

冒頭、本章はＤＩの方向性や具体施策の検討を行う際の〝辞書〟としてご活用いただきたいと述べたが、このＤＩカタログが辞書そのものである。そして、ビジネスモデルがこの辞書の索引となる。

図表4-4　ビジネスモデルごとのDIコンセプト

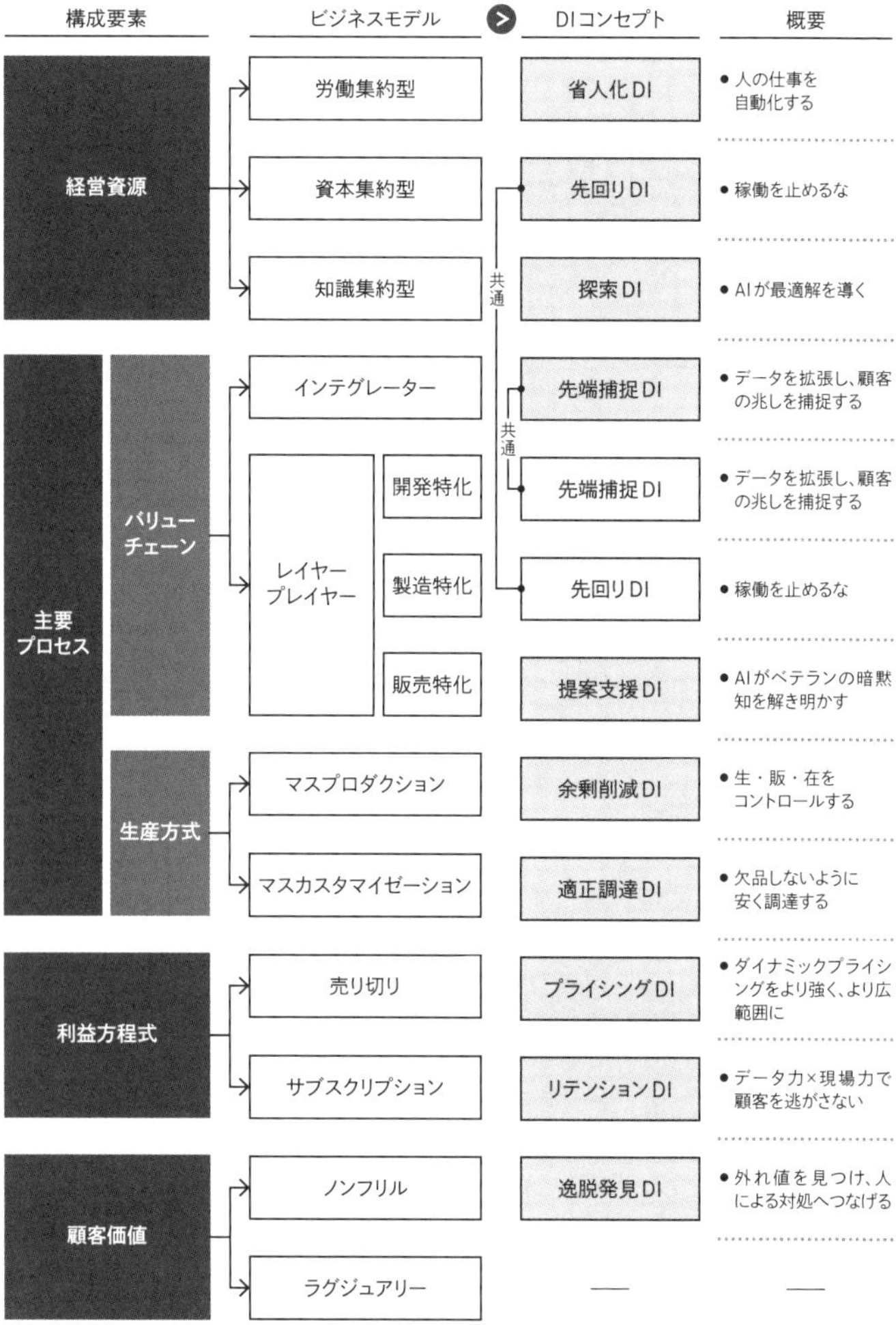
構成要素
ビジネスモデル
DIコンセプト
概要
経営資源
労働集約型
省人化DI
●人の仕事を自動化する
資本集約型
先回りDI
●稼働を止めるな
知識集約型
探索DI
●AIが最適解を導く
共通
主要プロセス
バリューチェーン
インテグレーター
先端捕捉DI
●データを拡張し、顧客の兆しを捕捉する
共通
レイヤープレイヤー
開発特化
先端捕捉DI
●データを拡張し、顧客の兆しを捕捉する
製造特化
先回りDI
●稼働を止めるな
販売特化
提案支援DI
●AIがベテランの暗黙知を解き明かす
生産方式
マスプロダクション
余剰削減DI
●生・販・在をコントロールする
マスカスタマイゼーション
適正調達DI
●欠品しないように安く調達する
利益方程式
売り切り
プライシングDI
●ダイナミックプライシングをより強く、より広範囲に
サブスクリプション
リテンションDI
●データ力×現場力で顧客を逃がさない
顧客価値
ノンフリル
逸脱発見DI
●外れ値を見つけ、人による対処へつなげる
ラグジュアリー
——
——

図表4-5　DIカタログのイメージ

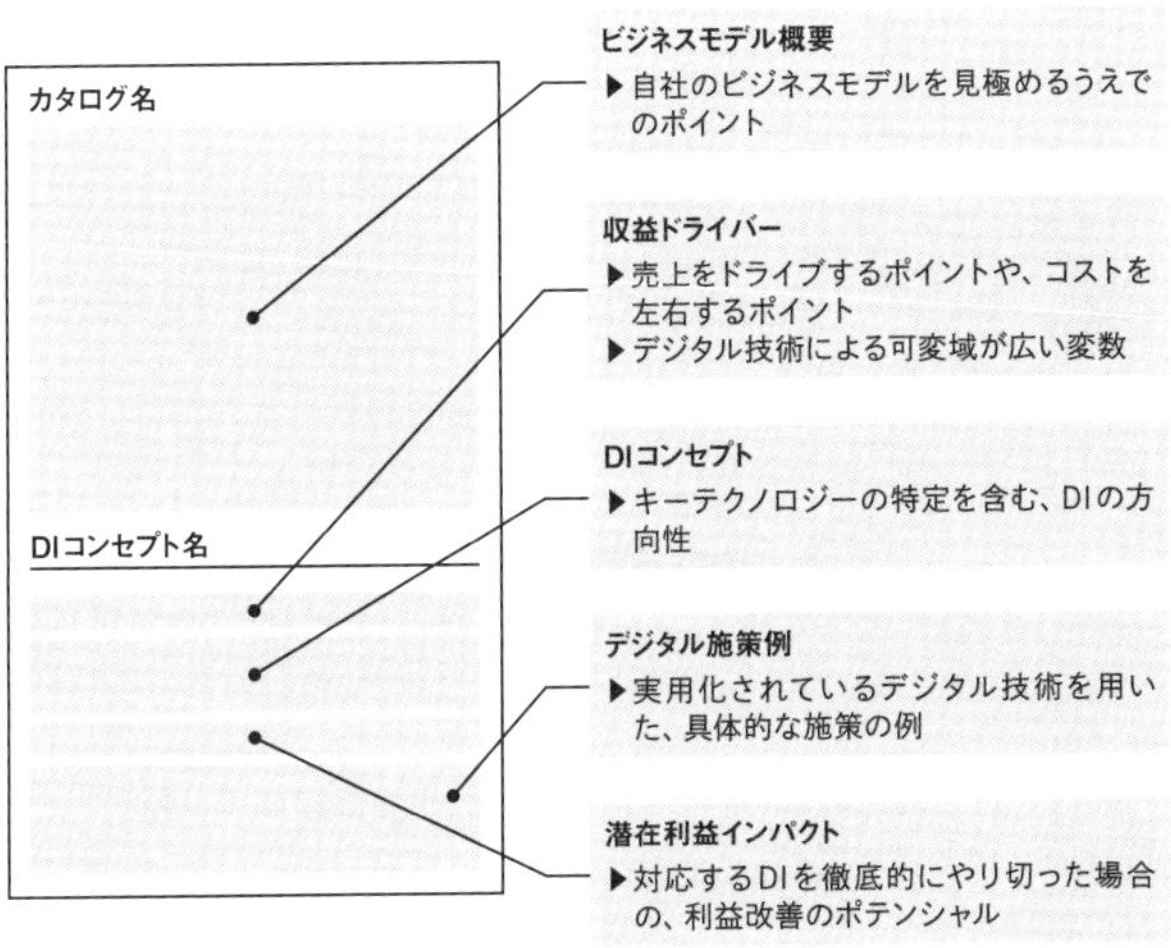
カタログ名
DIコンセプト名
ビジネスモデル概要
▶自社のビジネスモデルを見極めるうえでのポイント
収益ドライバー
▶売上をドライブするポイントや、コストを左右するポイント
▶デジタル技術による可変域が広い変数
DIコンセプト
▶キーテクノロジーの特定を含む、DIの方向性
デジタル施策例
▶実用化されているデジタル技術を用いた、具体的な施策の例
潜在利益インパクト
▶対応するDIを徹底的にやり切った場合の、利益改善のポテンシャル

DIカタログを使いこなした先に見える潜在インパクトの大きさ

ＤＩカタログを活用し、ビジネスモデルに適合したＤＩに取り組んだ先には、利益改善のポテンシャルが広がる。では、その潜在インパクトは、どれほどの大きさとなるのだろうか。この可視化には大きな価値がある。

そこで我々は、潜在インパクトを定量化すべく、デジタル変革に携わる大企業管理職を対象にサーベイを実施した。図表4－6はその結果であり、ビジネスモデル／ＤＩコンセプトごとに、売上向上もしくはコスト削減による営業利益率の潜在的な改善幅を示したものだ。

なお数値は、営業利益率が数％台前半にとどまる企業が、自社に最も適合するビジネスモデルについて、対応するＤＩを徹底的にやり切った場合の数値であることにご留意いただきたい。自社のビジネスモデルが複数のモデルの合わせ技であった場合に、期待する潜在インパクトがそれぞれの改善幅の合算値となるわけではない。

例えば、自社のビジネスモデルが「資本集約型」と「インテグレーター」の合わせ技であったとする。この場合、自社について資本集約型の色がより濃いのであれば、その期待インパクトは25 ptの営業利益率の改善と読み取っていただきたい（合算値の49 ptではない）。

なお、各数値は、サーベイによってビジネスモデルに適合するデジタル施策の最終インパクトを定量的に捕捉し、正規分布の上位層の値から統計的に導いている。

ビジネスモデルごとの潜在インパクトは、「コスト削減で27 pt改善」や「売上向上で24 pt改善」など非常に大きなものだが、年月をかけて徹底的にやり切れば、これだけのインパクトを望み得るのである。

ＤＩカタログは、ＤＸでも強力な武器となる

ＤＸは、デジタル技術を活用したビジネスモデルの転換である。すなわち、13のビジネス

図表4-6　ビジネスモデル／DIコンセプトごとの潜在利益インパクト

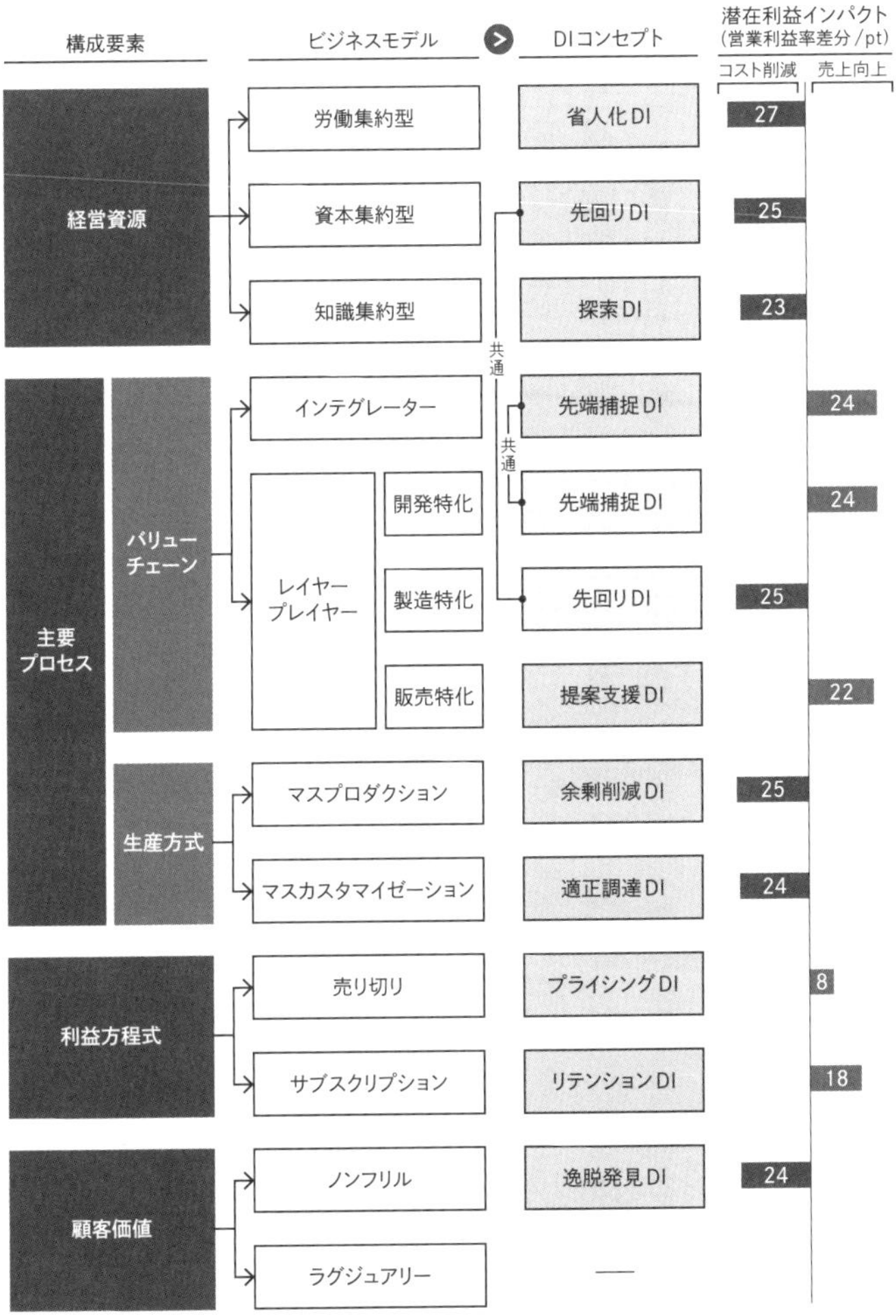

出所：ベイカレント・コンサルティングによるデジタル変革推進者向けサーベイ（n=1200）

モデルのどれかからどれかへ転換するのだ。もちろん、ＤＸを成功させるために、転換後もデジタル技術を活用した試行錯誤に取り組むことになる。

その試行錯誤においても、このＤＩカタログが有用だ。転換後のビジネスモデルを索引として用い、該当するカタログを参照すれば、どのようなコンセプトでどのような施策に取り組めばよいのかが明確になるからだ。

例えば、売り切りからサブスクリプションへと転換した際には、サブスクリプションのカタログを参照すればよいし、労働集約型で省人化ＤＩに取り組んだ結果、資本集約型へ転換したならば、次は資本集約型のカタログを参照すればよい。ＤＩカタログは、ＤＸを成功させることにも役立つ重要なツールとなるのである。

それでは次節以降、ビジネスモデルごとにＤＩカタログを紹介していくこととする。なお、「レイヤープレイヤー（開発特化）」「レイヤープレイヤー（製造特化）」は他とＤＩコンセプトが重複するため割愛する。また、デジタル技術の活用がほとんどインパクトを生まない「ラグジュアリー」についても、ここでは割愛させていただくこととする。

3 労働集約型→省人化DI

労働集約型かどうかは売上高人件費比率で見極める

労働集約型とは、主要プロセスの大部分を人の労働力に頼るビジネスモデルである。自身の携わる事業が労働集約型であるか否かを見極める際は、売上高人件費比率という指標に注目してほしい。売上高人件費比率とは、文字通り売上高に対する人件費の割合である。

この売上高人件費比率の平均値で労働集約型と呼ばれる業界を眺めてみると、やはり教育・学習支援（40％）、医療・介護（38％）、宿泊・飲食サービス（29％）で高い水準となっている。ただし、これらの業界以外にも、企業の規模や特性によって人の労働力に頼る度合いが大きくなることがあるため、対象事業の売上高人件費比率から、自社のビジネスモデルを見極めていただきたい（図表4－7）。

図表4-7　労働集約型のDIカタログ

労働集約型は、人件費の占める割合が多い

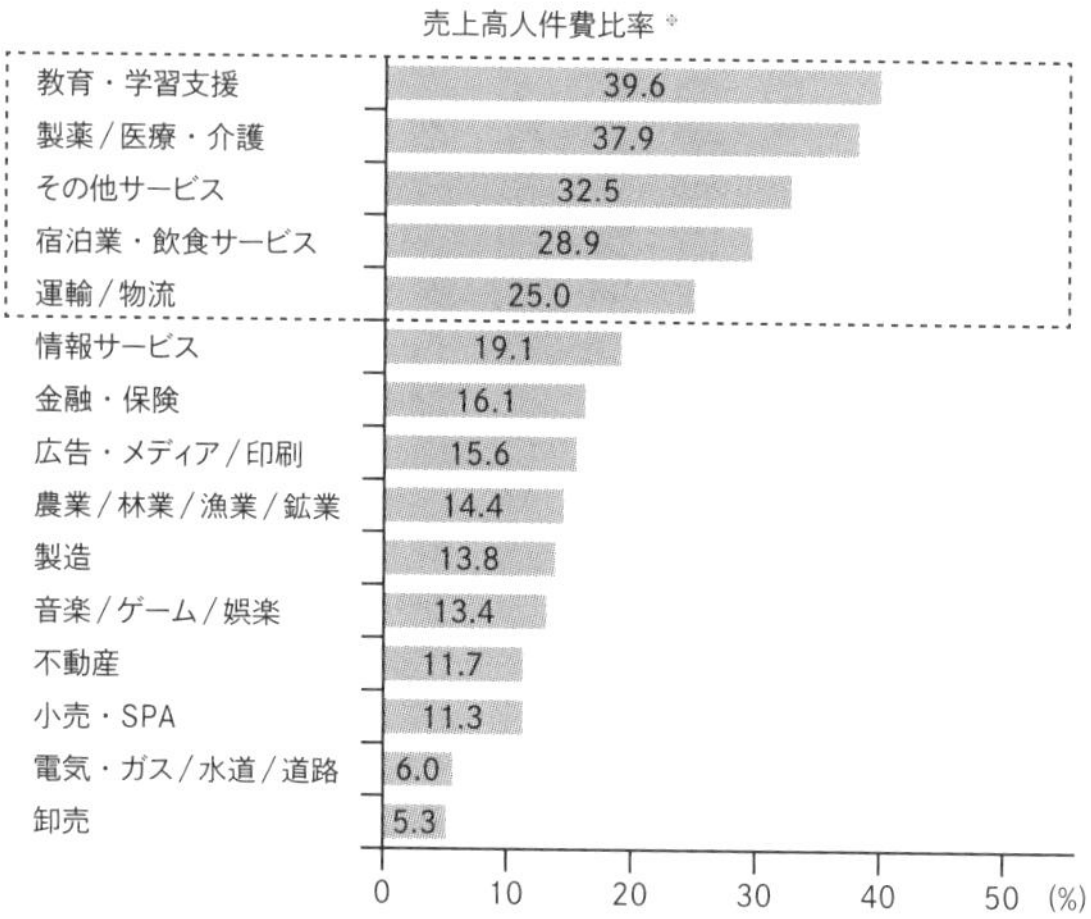

※売上高に対する人件費の割合。人件費 ÷ 売上高 ×100　出所：法人企業統計調査を基にベイカレント・コンサルティング作成

省人化DI

収益ドライバー		● **労働生産性** ▶勘と経験によるばらつきが狙い所
DIコンセプト	概要	● 人の仕事を自動化する
	キーテクノロジー	● 画像認識 ● ロボティクス
潜在利益インパクト		● 営業利益率27pt向上（コスト削減による）

デジタル施策例

- 画像認識による検品・点検作業の自動化
- RFIDやセンサーを使った検品・点検作業の自動化
- 遠隔監視や遠隔操作による作業の効率化
- ロボットや重機による作業の自動化

収益ドライバー：労働生産性「勘と経験によるばらつきが狙い所」

労働集約型で着目すべき収益ドライバーは、労働生産性である。労働生産性とは、社員一人あたりが生み出す成果であり、売上高人件費比率が高い労働集約型においては、労働生産性を向上させることがそのまま大幅な収益の改善につながる。

加えて、このビジネスモデルをとる企業では、社員一人あたりの労働生産性のばらつきが課題になることがほとんどだ。そして、各社員の活動が勘と経験に依存していることが、そのばらつきの背景としてあることが多い。

勘と経験によるばらつきを解消することは、デジタル技術の得意分野だ。ここに、デジタル技術を活用した生産性向上の大きなポテンシャルが眠っていると言えるだろう。

DIコンセプト：省人化DI「人の仕事を自動化する」

労働生産性に効くDIコンセプトは、省人化DIだ。省人化DIとはその名の通り、より少ない社員で同等以上の付加価値を生み出す取り組みである。省人化を考えるうえで、まずは人が行う仕事の分類について整理をしていきたい。

「アメリカの総雇用の47％がコンピューター化のリスクに晒されている」。オックスフォード大学のカール・ベネディクト・フレイとマイケル・Ａ・オズボーンの論文、「雇用の未来」は、日本においても「ＡＩに仕事が奪われる」と、いまだに多くの議論を呼んでいる。

同論文の中で、オズボーンはタスクを分類する切り口の一つとして、認知タスクと手仕事タスクによる分類をあげている。その認知タスクと手仕事タスクは、機械学習とロボティクスの進展によって、飛躍的に自動化できるようになった。

まず機械学習は、認知タスクの自動化を可能にした。２０１２年、AlexNetというアルゴリズムが登場して以降、画像認識の精度は劇的に向上している。さらに、センサー技術なども組み合わさることで、人が気付けなかったわずかな変化も捉えることが可能となり、コンピューターは様々な事象を認知することができるようになっている。

もう一つのロボティクスは、手仕事タスクを自動化する。近年、様々なタイプのロボットが開発され、アームロボットのように人の動きを再現するものもあれば、遠隔監視・遠隔操作のように人の移動を省くものも多く実用化されている。これらロボティクスの発展により、人のあらゆる手仕事タスクが自動化されるようになってきている。

このように労働集約型は、機械学習やロボティクスを活用した省人化を進めることによって労働生産性を飛躍的に向上させることができる。以下、この省人化DIの先進的な取り組みとして、居酒屋チェーンである養老乃瀧グループの「一軒め酒場」、介護施設・住宅を取り扱うグッドタイム リビングの事例を紹介したい。

事例：一軒め酒場「ロボットがお酒をつくる」

養老乃瀧が運営する居酒屋チェーン「一軒め酒場」内に、ロボットがお酒を入れて接客してくれる「ゼロ軒めロボ酒場」が展開された。

居酒屋は労働集約型の代表例であり、一軒め酒場（直営店）の売上高人件費比率は27～30%となっている。その居酒屋で実現する省人化DIは、AIを搭載したアーム型ロボットが、来店客に話しかけながらドリンクをつくってくれるというものだ。

まず、店内のレジでドリンクを購入することを伝えると、QRコードが印字されたチケットが渡される。ロボットの前にあるコードリーダーにQRコードをかざすと、ロボットが注文されたドリンクを準備してくれる。ビールの場合、ロボットがビールサーバーにコップを置いて注ぐシンプルな動きのため、所要時間は40秒ほど。カクテルの場合は、氷やソーダを混ぜるため100秒ほどかかるが、いずれもこの作業時間は人が行う場合とほぼ同等だ。

人が担う仕事内容はどうなるかというと、毎日の開店・閉店作業と飲料等の補充作業のみとなる。したがって、0・1~0・3人程度の人員で店舗運営が可能というわけだ。

ただし、費用面における課題は残る。ゼロ軒めロボ酒場で使用されるロボットは、デンマークのUniversal Robots製で、主に精密機械の生産ライン向けに開発されたものであることから、非常に高い品質を誇る分、ロボットそのものの価格は約600万円。ソフトウェアやクラウド利用料を加味すると、1000万円近くの費用がかかる。飲食業のコスト構造を考えると、かなり難しい投資となってしまうだろう。

今後、飲食業に求められる品質水準に合った廉価なロボットが登場してくることになれば、外食業界のコスト構造は大きく変わっていくことになるかもしれない。

事例:グッドタイム リビング「介護人材の不足を補う次世代介護」

介護ビジネスは人件費比率が高く、人の労働に頼る側面が強い。介護労働安定センターによれば、介護事業所の人件費比率は訪問系72%、通所系65%、施設系65%と非常に高くなっている。加えて、要介護認定者や介護サービス利用者が増える中、介護職員の人材不足は超高齢社会を迎えている我が国にとって深刻な課題である。

このような背景のもと、介護を必要とする人に向けた住宅を提供するグッドタイム リビングは、業務効率化と、介護を受ける人の身体的・精神的負担の軽減のため、先進技術を介護現場へ導入している。ここでは、代表的な取り組みを2つ紹介したい。

1つは、壁収納型介護リフトである。歩行が困難な人にとって、主な移動手段は車いすであるが、ベッドから車いす、車いすからベッドに移る動作は、自分一人では難しい。これを介助者に代わってサポートするのが介護リフトである。ただ、従来の介護リフトには、出し入れに時間と手間がかかるという課題があった。これを解消したのが壁収納型介護リフト「Swing Lift CoCoRo」である。部屋中央の壁に設けた収納棚に設置され、準備時間をわずか1分に短縮できる。

もう1つは、居室見守りシステム「Neos +Care」である。距離センサーを使った3Dセンシングによって、要介護者の行動を捉えることができる。さらに介護事故の約7割を占めると言われる「転倒」の際には、検知した様子が自動録画されるため、原因を突き止め、より高度な転倒防止策を立てることが可能となる。

北欧の先進国では当たり前となっている介護リフトだが、日本における普及率はわずか10%。これは、介護は人の手でやるものという固定観念が根強く残っているためであるが、グッドタイム リビングのようなロボットを活用した次世代介護の普及にも大いに期待したい。

4 資本集約型➡先回りDI

資本集約型かどうかは労働装備率で見極める

資本集約型は、労働集約型の対となる概念である。主要プロセスの大部分を生産設備などの固定資産に頼るビジネスモデルであり、労働集約型において機械化が進むと、資本集約型へと転じていく。

自身の携わる事業が資本集約型かどうかを見極めるためには、労働装備率という指標を見ていただきたい。労働装備率は、社員一人にどれだけの設備が割り当てられているかを表す指標で、「有形固定資産額÷社員数」で求められる。この指標で各業界を眺めてみると、電気・ガスなどの典型的な資本集約型産業が上位に並ぶことになる。一方で、業界によらず高い値を示す企業もあるため、対象事業の労働装備率の内実をよく検討し該当するか否かを見極めていただきたい（図表4－8）。

図表4-8　資本集約型のDIカタログ

資本集約型は、社員一人当たりの有形固定資産額が多い

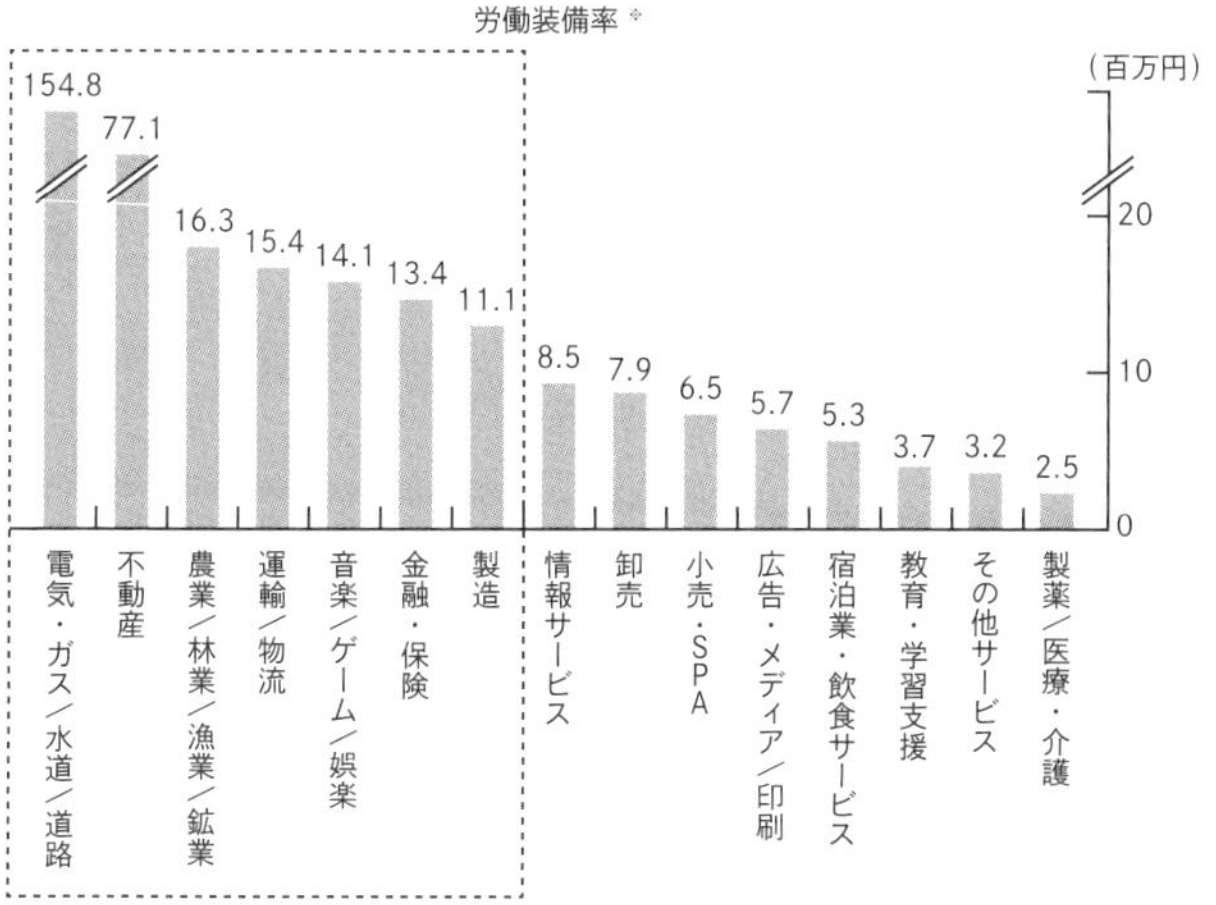

※社員一人当たりの設備投資額。有形固定資産額÷社員数　出所：法人企業統計調査を基にベイカレント・コンサルティング作成

先回りDI

収益ドライバー		● **稼働率** ▶デジタル技術による人の限界突破が鍵
DIコンセプト	概要	●稼働を止めるな
	キーテクノロジー	●ドローン ●センサー ●デジタルツイン
潜在利益インパクト		●営業利益率25pt向上(コスト削減による)

デジタル施策例

- 故障予測による予防保全
- デジタルツインによる設計改善
- 需要予測による生産計画の精緻化
- 稼働状況の見える化による設備の待ち時間の短縮

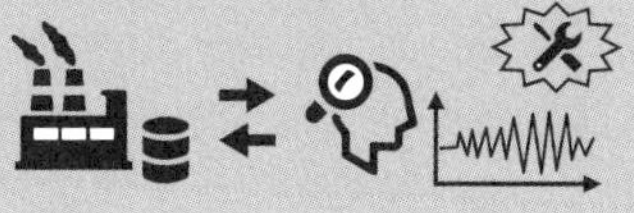

収益ドライバー：稼働率「デジタル技術による人の限界突破が鍵」

資本集約型の収益ドライバーは、設備の稼働率である。稼働率を適切な水準に保てていることは、少ない設備投資で効率的に商品を生産できていることの証左であり、需要変動に柔軟に対応できていることの結果でもある。

稼働率を適切な水準に保つにあたってデジタルの効き所となるのが、ダウンタイムと手戻りの削減だ。生産設備に頼る資本集約型において、故障や品質不良、設計不備によって稼働できなくなることは、事業の致命傷になり得る。

ダウンタイムの観点で言えば、これまでは安定稼働を実現するために、人が設備の保全を行っており、異常やその予兆を検知するうえでは熟練者の勘と経験に頼る部分が多かった。労働集約型でも述べたが、勘と経験によるばらつきを解消することは、デジタル技術の得意分野である。また、設計不備を回避するシミュレーションもデジタル技術の得意技だ。これらデジタル技術の強みを急所に効かせることができれば、安定稼働を実現することができる。

DIコンセプト：先回りDI「稼働を止めるな」

稼働率に効くDIコンセプトは先回りDIだ。先回りDIとは、生産設備に訪れる未来をデジタル技術で予測し、しかるべき手を打ってダウンタイムや手戻りを削減するものである。

これまで先回りのための未来予測については様々な取り組みがなされてきたが、現在ではその精度が、ドローン、センサー、デジタルツインなどのデジタル技術によって人を超越するレベルにまで押し上げられている。これは一つには、デジタル技術によって今まで人が得られなかったインプットを得られるようになっていることが背景にある。

例えば、ドローン。空はもちろんのこと、水中でも自在に動けるドローンが実用化されている。これによって、高所や危険地域など、今まで人が立ち入ることが困難だった場所の状況を確認することができるようになった。

また、センサー技術によって、今まで人が検知できなかったものを検知できるようになっている。例えば、高い音と低い音。一般的に、人が聞きとれる周波数の範囲は、低い音で20Hz、高い音で20kHzくらいまでの間と言われている。人には聞こえない低い音を超低周波音、高い音を超音波というが、センサーはこのどちらも認識することができる。これにより、タンクや配管などの異音を検知することが可能となった。

そして、先回りの精度を上げているもう一つの要因が、デジタルツインの発展である。デジタルツインは、2002年にミシガン大学のマイケル・グリーブスが提唱した概念として知られる。その名の通り、デジタル空間に再現された双子のことを意味する。現実世界にいる兄をデジタル空間に再現したものが弟、というわけである。

デジタルツインは、現実世界の情報をリアルタイムでデジタル空間へ集積していく。そして、デジタル空間上でシミュレーションを行い、その結果を現実世界にフィードバックする。シミュレーション能力が向上することで、故障しにくい設計や、手戻りの少ない設計などを実現できるようになる。このように先回りできることは、稼働率を必要な水準に保つことにダイレクトに効いてくる。

ここで先回りDIのイメージをより確かなものにしていただくために、日本製紙と鹿島建設の事例を紹介したい。

事例：日本製紙「センサー技術で設備の異常を検知」

日本製紙が営む紙パルプ事業は、資本集約型の典型例である。設備は24時間連続操業が基本であり、設備の稼働率が安定供給や品質に直接関わる。しかし、高温・多湿・腐食・粉じんなど、厳しい環境の中での操業が課せられる事業でもある。

ゆえに欠かせないのが設備保全である。設備保全方式には事後保全と計画保全があり、事後保全は故障が発生した後に対応することを指す。後者の計画保全には2種類あり、どちらに重点を置くかで企業の色が出る。一つは定期保全と呼ばれ、定期的に部品を交換・修理することであり、計画が立てやすいものの、メンテナンスが過剰になりがちという特徴を持つ。もう一つの予知保全は、設備を監視し、劣化状態などを把握して部品を交換・修理することを指し、突発的な故障を防ぎやすい反面、監視コストがかかる。双方に良し悪しがある中、日本製紙は予知保全へのデジタル技術活用へ舵を切った。

従来の予知保全は、人が生産現場を巡回して、設備の様子を確認していた。熟練者が、音を聞く聴診と、触って温度を確認する触診によって設備異常の予兆を把握していたのだ。日本製紙はこれを一歩進め、稼働中の設備にセンサーを取り付け、温度や振動を数値データとして監視することにした。これにより、異常傾向を早期に検知し、適切に対処することで設備トラブルを未然に防ぐことが可能になっている。実際、駆動用モーターに設置したセンサーでロール減速機の異常状態を観測し、故障が発生する前にメンテナンスするなど、操業の安定化に寄与しているという。

事例：鹿島建設「すべてのプロセスをデジタルに」

2018年、大手ゼネコンの鹿島建設は「鹿島スマート生産ビジョン」を発表した。「作業の半分はロボットと」「管理の半分は遠隔で」「すべてのプロセスをデジタルに」という3つのコンセプトを軸に、2025年を目標として建設工事のデジタル変革を進めている。

その取り組みの一つが、「オービック御堂筋ビル」プロジェクトである。建物の企画・設計から竣工後の維持管理・運営まで、デジタルツインですべてのプロセスの高度化を図り、建設業界に新しい息吹をもたらしている。

鹿島建設はBIMでデジタルツインを構築している。BIMとは、Building Information Modelingの略で、建築物のデジタルモデルに属性データを付与し、建築物の設計、施工、維持管理までのあらゆる工程で活用するものだ。

このBIMデータを用いて現実世界と同じビルをデジタル空間上につくり上げ、そのデジタルツインでシミュレーションを重ねることで、課題や無駄を先回りして見つけるのである。これにより、建設前に改善策を検討することができ、将来のメンテナンスへも活用する。今後も鹿島建設は、建築物の長寿化とライフサイクルコストの低減を目指していくという。

5 知識集約型 ⬇ 探索DI

知識集約型かどうかは売上高研究開発費比率で見極める

知識集約型とは、主要プロセスの大部分を人の頭脳労働に頼るビジネスモデルだ。人の労働力に頼るという意味では、労働集約型に似ている面もあるが、専門家や研究者を多く有するという特徴がある。

自身の携わる事業が知識集約型であるか否かを見極める際は、売上高研究開発費比率に着目してほしい。売上高研究開発費比率とは、文字通り売上高に対する研究開発費の割合である。

この売上高研究開発費比率の平均値を業界全体で眺めてみると、医薬品で15・1％と圧倒的に高く、次いで精密機器6・5％、電気機器4・8％、輸送用機器4・3％、化学3・6％と続く（図表4－9）。

図表4-9　知識集約型のDIカタログ

知識集約型は、研究開発費の占める割合が多い

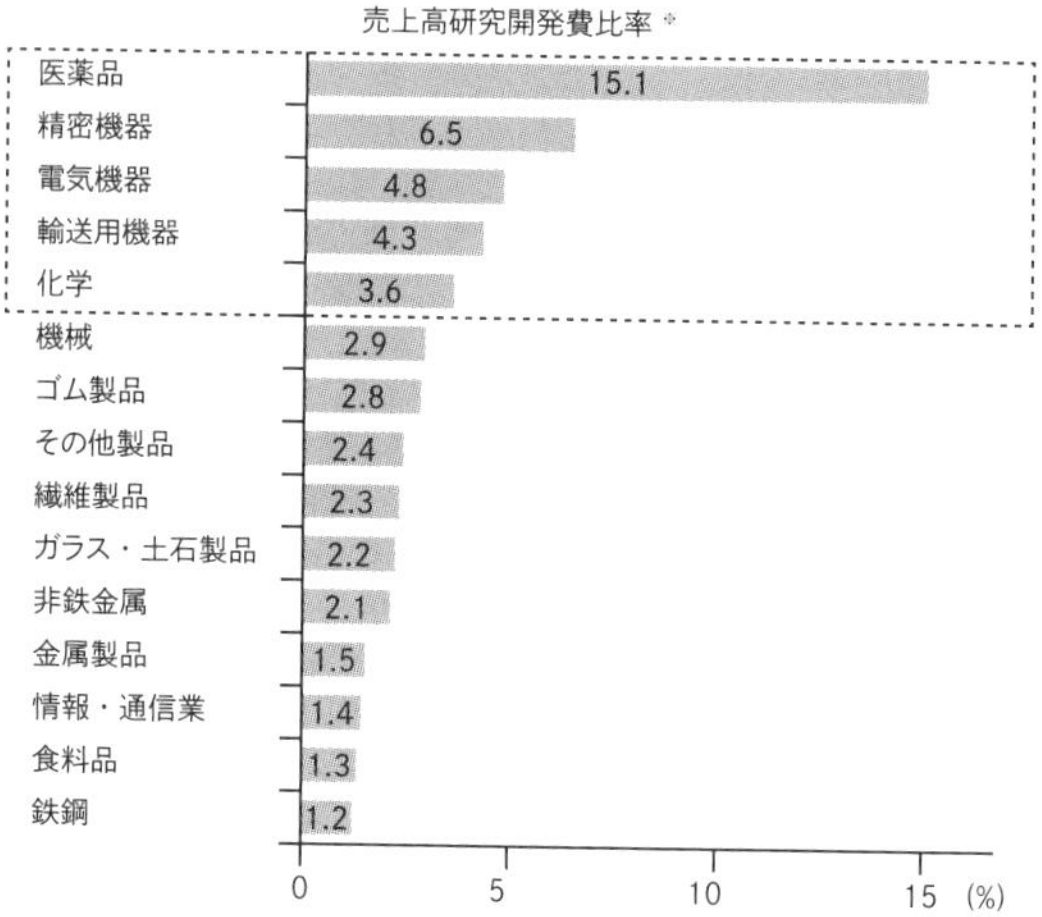

※売上高に対する研究開発費の割合。研究開発費 ÷ 売上高 ×100　出所：東証上場企業のIR資料を基にベイカレント・コンサルティング作成

探索DI

収益ドライバー		● **研究期間** ▶膨大な組み合わせを試す時間の壁を打破できるか
DIコンセプト	概要	● AIが最適解を導く
	キーテクノロジー	● 深層強化学習
潜在利益インパクト		● 営業利益率23pt向上(コスト削減による)

デジタル施策例

- AI創薬による研究期間の短縮
- マテリアルズ・インフォマティクスなど材料開発の効率化

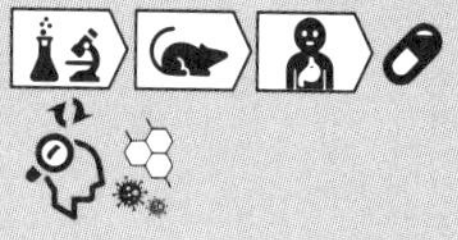

収益ドライバー：研究期間「膨大な組み合わせを試す時間の壁を打破できるか」

知識集約型で着目すべき収益ドライバーは、「研究期間」である。研究期間を短縮することによって、新商品を早期に投入し市場ポジションを確立することができ、かつ研究開発費の圧縮を図ることも可能になる。

加えて、この研究期間の短縮にはデジタル技術、特にＡＩ導入の効果が非常に高い。製薬や化学などの業界においては、物質と効果の膨大な組み合わせの中から最適解を探索する必要があるため、その膨大な検証作業が研究期間を長期化させる要因となっている。そこで活躍するのがＡＩだ。大量の変数を計算するのはＡＩの最も得意とするところであり、業界の悲願である研究期間の短縮を実現するポテンシャルを秘めている。

ＤＩコンセプト：探索ＤＩ「ＡＩが最適解を導く」

研究期間の短縮に効くＤＩコンセプトは、探索ＤＩだ。探索ＤＩとは、ＡＩの一種である深層強化学習を活用して最適な解を導く取り組みである。

製薬や化学などの研究開発を長期化させている要因は、物質と効果の組み合わせが場合によっては数億通り以上にもなるということだ。研究者・開発者はその中から最適な組み合わせを探索せねばならない。

しかし近年、この組み合わせを最適化する手順において、大きなブレークスルーが起きている。その立役者の一つが深層強化学習だ。深層強化学習とは、強化学習にディープラーニング技術を応用して発展させたもので、システム自身が試行錯誤を繰り返しながら、最適解を導くことを得意としている。AIが人類最強の棋士を打ち負かしたというニュースを耳にしたことがある方も多いと思うが、その正体がまさにこの深層強化学習なのである。

この深層強化学習は、ゲームの枠を超えてビジネスに大きな飛躍をもたらしている。物質と効果の組み合わせの最適解を導くために、深層強化学習が活用され始めたのだ。これによって、研究期間の短縮が実現できるようになったのである。

この探索DIの先進的な取り組みとして、研究期間の短縮に成功した住友化学の事例を紹介したい。

事例：住友化学「100万分の1の確率をわずか10〜20回で当てる」

近年、マテリアルズ・インフォマティクス（ＭＩ）の実用化が加速している。ＭＩはＡＩを活用し、材料の物性と構造のデータを組み合わせて、その最適解を見つけ出す技術である。住友化学では、ＭＩを活用した材料開発で成果を出している。

従来の材料研究は、勘と経験によるパラメータ設計、シミュレーションと実験による物性評価、設計指針の見直しが繰り返し行われていた。しかし、その組み合わせは膨大に存在し、勘と経験だけでは限界があった。

例えば、耐熱性ポリマーを開発する場合、それを構成するモノマーと呼ばれる化合物が13種ある中で、その組成比の最適化を行う。しかし、その組み合わせは１００万通りも存在し、ここから最適なモノマー組成比を探すために１００万通りの実験を行うのは非現実的な話である。

そこでＭＩの登場だ。組み合わせの中から深層強化学習で良さそうなものを選んで、実験による物性評価を行うのである。すると、わずか10〜20回程度の実験で望む特性を持つ耐熱性ポリマーが見つかったという。

住友化学は、探索ＤＩによって早く最適解にたどり着けたことで、実験回数を減らし開発期間の短縮を図ることができた。まさに好事例と言える。

6 インテグレーター→先端捕捉DI

垂直統合の狙いは商品力と収益力

インテグレーターは、バリューチェーンのほぼすべての部分をコントロールするビジネスモデルである。別名、垂直統合モデルとも呼ばれる（図表4－10）。

インテグレーターモデルで戦う利点は2つある。1つ目はコスト削減。外部組織との利害関係から解放され、発生していた取引コストが削減できる。取引コストとは、経済的取引を行う際に発生するあらゆるコストを意味し、例えば、取引相手を探すコスト、成約に至るまでの交渉コスト、契約コスト、意思決定コストなどが含まれる。

2つ目の利点は、顕在化した顧客ニーズを捉えた商品開発をスピーディーに行えることである。

インテグレーターの起源は、鉄鋼王と呼ばれたアンドリュー・カーネギーが1889年に創業したカーネギー・スチールに遡る。カーネギーは、鉄鋼におけるバリューチェーン全体を自社でコントロールしたことで有名だ。原料となる鉄鉱石の鉱山、製鉄に必要な炭鉱や高

図表4-10　インテグレーターのDIカタログ

開発から販売までの機能を垂直統合している

開発 ▶ 製造 ▶ 販売 ▶ **顧客**

インテグレーター

アパレルの例	ユニクロ 
家具の例	イケア 

先端捕捉DI

収益ドライバー		● **新商品売上高比率** ▶高まる商品開発力とデジタルの相性
DIコンセプト	概要	● データを拡張し、顧客の兆しを捕捉する
	キーテクノロジー	● ソーシャルリスニング ● センサー
潜在利益インパクト		● 営業利益率24pt向上(売上向上による)

デジタル施策例

- SNS分析を使った商品・サービスの見直し
- 音声分析や感情分析を使った商品・サービスの見直し
- 生活者行動データを使った商品・サービスの見直し

炉、卸すうえで重要な鉄道網までも買収した。これによって、鉄鋼バリューチェーンの垂直統合を果たし、高い利益率を確保したのである。

近年では、SPA（製造小売業）がインテグレーターの典型だ。SPAのAはアパレルの略であるが、ファッション・アパレル分野は模倣が容易かつ機能性による差別化も困難なため、販売に特化していると過当競争による利益率の低下が起こりやすい。SPAはインテグレーターの利点であるコスト削減と商品差別化によって、過当競争に抗っているのである。

収益ドライバー：新商品売上高比率「高まる商品開発力とデジタルの相性」

近年のインテグレーターの収益ドライバーは、新商品売上高比率である。これに違和感を覚える方も多いと思うので、少し説明を加えたい。インテグレーターモデルをとる企業の多くは、2つの利点であるコスト削減と差別化商品の開発を追求している。

2つの利点のうち、成果を上げられる確率が高いのがコスト削減であることに異論はないだろう。ゆえに多くのインテグレーター企業において、コスト削減の取り組みは一定程度進んでいることが多い。加えて取引コストは、デジタル技術との相性が良いため、デジタル変革による潜在利益ポテンシャルを既に相当量享受していることが推察できる。

一方で、差別化商品の開発に手応えを感じているという企業は多くないはずである。そして、商品開発における顕在ニーズ捕捉とデジタル技術の相性は、昨今では非常に良くなってきている。ゆえに、顕在化したニーズを商品化してどれだけ売上高につなげられるか、すなわち、新商品売上高比率を今後の収益ドライバーに据えるべきなのである。

DIコンセプト：先端捕捉DI「データを拡張し、顧客の兆しを捕捉する」

先端捕捉ＤＩは、バリューチェーンの先端にいる顧客のニーズをデジタル技術でいち早く察知し、そのニーズに適う商品を開発するＤＩコンセプトである。もちろん、多くの企業は顧客ニーズの捕捉を常日頃から追い求めているが、これがなかなか難しい。データ経営で有名なワークマンでもこんなことがあった。

かつてのワークマンは、職人向けの商品が多かった。ところが、確かな防水性能を誇るコスパ最強のレインウェアがあるとバイク乗りの間で評判になり、いつしかバイカー御用達ブランドとなっていた。商品開発者からすると、うれしい誤算だったことだろう。しかし、誤算は誤算である。バリューチェーンの先端の顕在化ニーズを捕捉することは、かように難しいのである。

その課題克服のため、先進企業が新商品開発にあたって、デジタル技術を活用した顧客ニーズ捕捉を推進している。デジタル技術のニーズ捕捉力が飛躍的に高まっているからだ。

これまでの顧客理解では、性別・年代・居住地・職業・年収などのデモグラフィック（人口統計）データ、インタビューやアンケートで把握するサイコグラフィック（心理）データ、オンライン空間におけるサイト閲覧・購買履歴などの行動データが主に用いられてきた。だが近年、そのデータの幅と深さが、デジタル技術でともに拡張されている。幅の面で言えば、視覚・聴覚・味覚などの五感データや、SNS画像・コールセンターへの問い合わせなどのコミュニケーションデータの収集・蓄積が可能になっている。

また、深さの面で言えば、行動データの対象がオンライン空間からリアル空間へと広がった。例えば、AIカメラを活用して消費者が買い物をする過程で実際にどう動くかも把握できるようになったのである。

このようにデータの幅が広がり、かつ深まることによって、バリューチェーンの先端のニーズをスピーディーかつ高精度に商品開発につなげる動きが出てきているのだ。ここでは、データの幅の拡張を生かした取り組みとして事例を2つ紹介したい。

事例：キリンビバレッジ「AIが一歩先行く味を指し示す」

キリンビバレッジは、「生茶」の商品リニューアルを新たなデータ活用の手法を用いて行った。これに大きく貢献したのは、味覚センサーレオ。慶應義塾大学発のスピンオフベンチャーAISSYが、医療用センサーを応用して開発したものだ。味覚センサーレオは、甘味・塩味・酸味・苦味・旨味を数値化して示すことができ、加えて最近の生活者の好みまで取り込んでいる。それによって、味覚データとサイコグラフィックデータを合わせた評価までできるのである。

新しく開発した生茶を味覚センサーレオが分析すると、次のようなことがわかったという。味の強さについては、「緑茶の味覚は旨味と苦味に影響を受けています。他の緑茶と比較したときに、生茶は旨味・苦味が強いと言えます」。味のバランスについては、「多くの緑茶の味は、苦味>旨味の構造になっています。一方生茶は、旨味と苦味のバランスがよく、それによって苦味を感じにくくなっています。お茶の旨味を楽しむことができます」といった分析結果が得られたのだ。

この分析結果を基に、〝生茶の良さはそのままに、よりコクのある味わい！〟をコンセプトに新しい生茶を開発。新生茶は、なんと売上高1・8倍を実現したのである。

人間は生き物であり、味覚は変わる。すなわち、味覚にもトレンドがある。キリンビバレッジは、次はこの味がおいしいということを、新たなデータを学習したAIで推定し、そこに向けて味をつくり上げたわけである。

事例：日本コカ・コーラ「AIは画像、人間はデート気分を読み取る」

「コカ・コーラ」はどのようなシーンで飲まれているのだろうか。日本コカ・コーラは、コミュニケーションデータを活用して、生活者がどのような状況でコーラを飲むのかを把握している。SNSの投稿画像を解析して、約50もの消費シーンを把握したのだ。

例えば、映画館へ行き、ワクワクした気分で上映前にポップコーンを食べながらコーラを飲むシーンは、コカ・コーラの担当者も分析するまで知らなかったという。

従来の顧客理解では、インタビューやウェブサイトへの書き込み内容を分析する手法を用いていた。近年、SNSの投稿内容の分析を進めていたものの、テキストベースの分析にとどまっていたため、想定内の結果しか得ることができなかったという。

そこでコカ・コーラはTwitterの投稿画像に目を向けた。若い世代の間ではInstagramに代表されるように、画像を共有するコミュニケーションが日常化している。その画像の中には、意図せずコカ・コーラが映りこんでいるものがある。そこから消費シーンを読み取ろうというアイデアだ。

このアイデアを具現化するには、ＡＩと人間の認知能力を組み合わせる必要がある。まず、数千億の投稿の中からコカ・コーラのロゴを抽出し、一緒に映りこんでいるものを識別する。これはＡＩの得意技だ。例えば、ロゴが付いたコップ、ポップコーン、チケットなどを抽出・分類する。

次に、消費シーンの裏側にある意味の理解が必要となる。この意味付けの工程は、人間が行う。ＡＩは映画館でポップコーンと一緒にコカ・コーラが飲まれていることはわかっても、映画館に行き、ワクワクした気分で上演前にポップコーンを食べながらコーラが飲まれていることは読み解けないのである。

このようにＡＩと人間の協創によって、生活者のニーズが読み解かれることとなる。それは、きっと差別化された商品の開発へとつながっていくであろう。

7 レイヤープレイヤー（販売特化）→提案支援DI

レイヤープレイヤーの狙いは、コアコンピタンス強化と規模の経済

バリューチェーンを解体（アンバンドル）し、特定の機能だけに特化する。それがレイヤープレイヤーだ。

バリューチェーンを解体するという考え方は、ジョン・ヘーゲル3世とマーク・シンガーが、論文「アンバンドリング：大企業が解体されるとき」で提唱したものである。企業によって優位性につながるコアコンピタンスが異なるため、バリューチェーンを切り離したほうが強い企業になれる、という発想である。

インテグレーターがコスト削減と商品開発力強化を狙ったモデルであるのに対し、レイヤープレイヤーはコアコンピタンスを磨いて競争優位を狙う。バリューチェーンの一部に特化して資源を投下し、技術や経験を蓄積するのだ。加えて、その機能においてはインテグレーターより規模の経済が効くことがある。

レイヤープレイヤーがフォーカスする機能は、大きく開発、製造、販売の3つに分かれる。

本節では、「販売」に特化するレイヤープレイヤーを対象として見ていく（図表4－11）。「開発」に特化するプレイヤーは知識集約型と、「製造」に特化するプレイヤーは資本集約型と、収益ドライバーとDIコンセプトが同じであるからだ。

例えば、レイヤープレイヤー（販売特化）の代表的な企業として、ほけんの窓口グループがある。複数社の生命保険・損害保険商品を扱う来店型ショップを展開しており、保険ビジネスにおける販売部分に特化することで、既存の保険会社との差別化を図っている。

収益ドライバー：成約率「可変域がAIで広がる成約率を狙う」

レイヤープレイヤー（販売特化）では、成約率を追い求める。

「販売」においてはどれだけ売り上げられたかがダイレクトなアウトプットであるが、それは典型的には、顧客候補とどれだけの接点を持てたか、そのうちどれだけが購入に至ったか、そして購入した価格はどの程度かの3変数に因数分解することができる。

この3変数のうち、デジタル技術で可変域が最も広がるものはどれか。

まず接点の量は、顧客接点のオンライン化により確かに増えるが、2倍、3倍になるわけではない。同様に、価格についても上げ下げの余地はあるだろうが、デジタル技術の活用が

図表4-11　レイヤープレイヤー（販売特化）のDIカタログ

レイヤープレイヤーは、バリューチェーン内の特定レイヤーに特化する

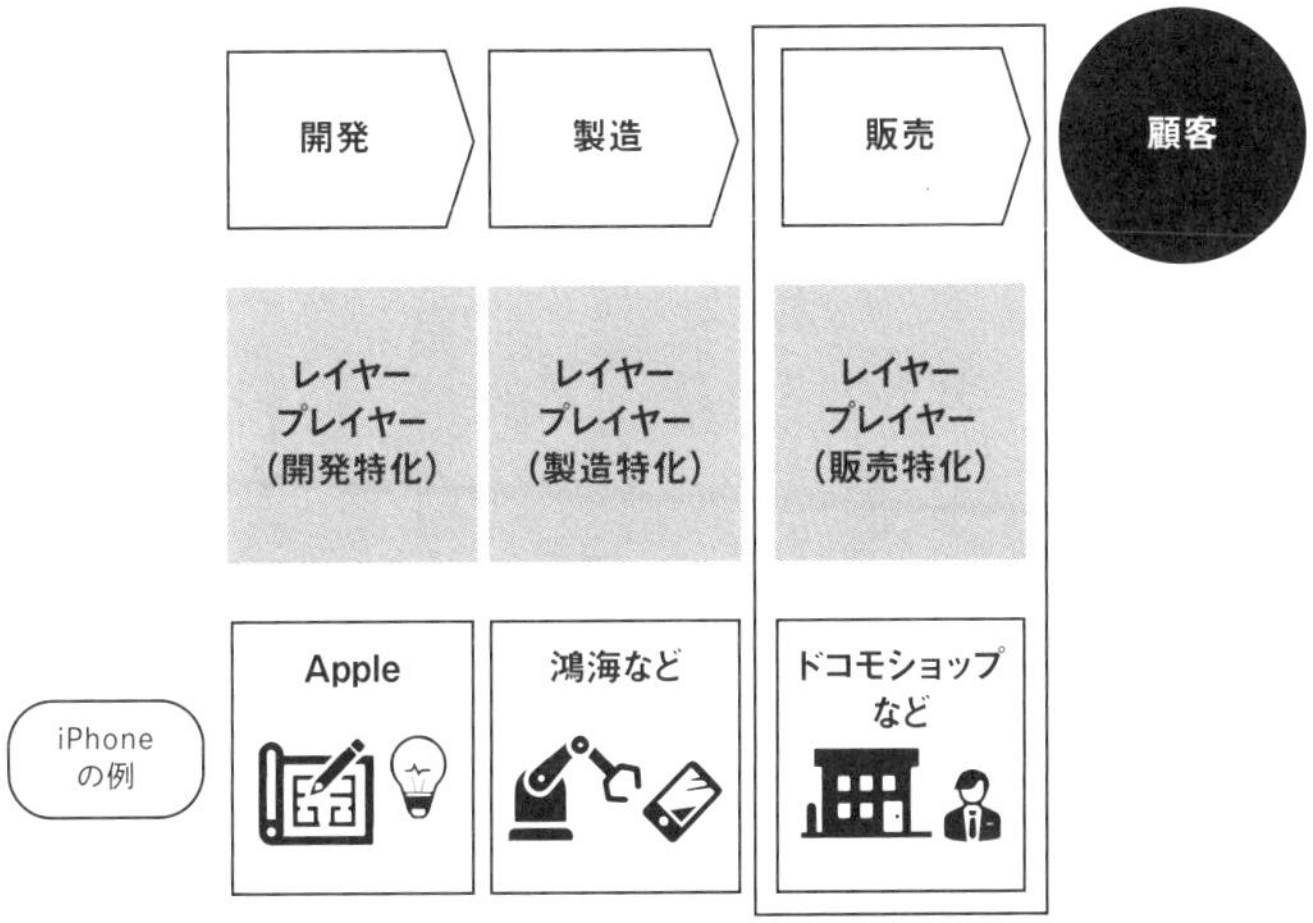

提案支援DI

収益ドライバー		● 成約率 ▶可変域がAIで広がる成約率を狙う
DIコンセプト	概要	● AIがベテランの暗黙知を解き明かす
	キーテクノロジー	● 協調フィルタリング ● 画像認識 ● 自然言語処理
潜在利益インパクト		● 営業利益率22pt向上（売上向上による）

デジタル施策例

- 協調フィルタリングによるリピーター客や有望顧客の特定
- 需要予測や画像認識によるレイアウトの見直し
- 需要予測や画像認識による棚割りの見直し
- LINEなどのオンライン会話分析による提案内容の見直し

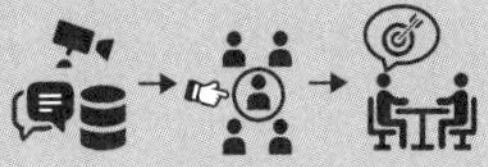

大幅な可変域をもたらすことにはならないだろう。

一方で、成約率はＡＩで劇的に高められる余地が確実にある。

したがって、レイヤープレイヤー（販売特化）のＤＩコンセプトは提案支援ＤＩとしたい。

次に、どのようにして成約率を高めることができるのか、そのメカニズムを見ていこう。

ＤＩコンセプト：提案支援ＤＩ「ＡＩがベテランの暗黙知を解き明かす」

成約率に効く提案支援ＤＩは、膨大なデータから一定の特徴や規則性を明らかにして、それを提案活動に役立てるＤＩコンセプトである。

成約率を高める提案ノウハウは、一般に失敗と成功を繰り返したベテラン営業が持っているものである。これまで企業は、そのノウハウを抽出・展開し、全体の成約率を高めようと試みてきた。しかし、ノウハウを十分に形式知化することは非常に難易度が高く、企業全体へのノウハウ展開はなかなか進まないのが実状であった。

この課題を克服すべく、優秀なベテラン営業のノウハウをＡＩに学習させ、そのＡＩに提案支援を行わせる取り組みが活発化している。ここで言うＡＩとは、協調フィルタリングと呼ばれているものである。

協調フィルタリングとは、対象顧客は買っていないが、似ている顧客は買っている商品を推薦するというものだ。ECサイトの商品ページを閲覧しているときに表示される〝この商品を買った人はこんな商品も買っています〟の仕組みが、協調フィルタリングである。

この協調フィルタリングを活用することによって、営業担当者は、訪問しやすいが成約率の低い顧客ではなく、成約率が高い顧客を訪問することが可能になる。

また、協調フィルタリングは画像認識と組み合わせると、リアル店舗においても力を発揮する。例えば、飲料棚の前に買い物客がいたとしよう。ここで画像認識を使えば、その買い物客の年齢や性別はもちろんのこと、商品購入を迷ったかどうかなど、棚の前での行動パターンを認識しデータ化することができる。よく買っている人の行動パターンに合わせて棚割りや接客を改善していくことで、購入してもらえる確率を高めることができるのだ。

この提案支援DIの先進的な取り組みとして、三井住友海上火災保険（以下、三井住友海上）の代理店チャネルとイオンリテールの事例を紹介したい。

事例：三井住友海上 代理店チャネル「AIと販売員のハイブリッド提案」

全国約3万8000店の三井住友海上の代理店では、AI搭載の営業支援システム

「MS1 Brain」を活用している。過去の膨大なデータから、「どの顧客に、どの保険商品を提案すべきか」をAIがレコメンドするものだ。AIのレコメンドに対して、実際に提案するかどうかは代理店が判断する。いわばAIと販売員のハイブリッド提案である。

MS1 Brainは、顧客の過去約7年分の契約情報や、年齢・家族構成などの属性情報をインプットし、成約率の高い顧客と商品構成を販売員に提示する。これまでは、販売員の経験や勘に頼っていた提案内容を、AIがデータに基づいて攻め筋を導くのである。販売員と顧客の年齢差といった、通常では見落としがちなデータにもAIは着目し、レコメンドを導き出すことができるのだ。

AIレコメンドは、ニーズ予測分析機能としてMS1 Brainに実装されている。画面上で、おすすめ顧客と、顧客ごとのおすすめ商品を可視化。AIが5段階でおすすめ度を算出し、おすすめ度が3以上であれば販売員に通知される。「Aさんは、同居家族に免許保有者がいるため、特約Bがおすすめ」のように根拠も示されるため、販売員の納得感もある。

また、ネクストベストアクションという機能も備えており、販売員が次に行うべき最適行動を明示してくれる。アポ取りから契約締結を経て、アフターフォローまでの一連の工程を進捗管理。そのうえで、アポを取りやすい電話での話し方など、各工程における営業ノウハウも提供する。これらの機能は販売員のノウハウを、ヒアリングなどを基に形式知化したものだ。

実際に利用する販売員からは、「なぜこのようなことが可能になるのか」と感嘆の声があがるという。またMS1 Brainは、通常利用している既存システムの追加機能として実装されているため、利用定着化の障壁も越えられるだろう。

事例：イオンリテール「AIカメラで接客支援と売り場改善の一石二鳥」

大手スーパーの「イオン」を運営するイオンリテールは、スマートな買い物体験の実現を目指し、AIカメラを活用した接客支援や売り場改善に取り組んでいる。

売り場に設置されたAIカメラは、接客を必要とする顧客や、購買意欲の高い顧客を自動で感知し、従業員が持つスマートフォンに通知する。これにより、従業員が離れた場所にいる場合でも、すぐに接客に駆けつけることができる。

顧客を待たせることなく、迅速かつ最適なタイミングで接客を行うことで、顧客満足度を高めるとともに、販売効率の向上が図られる。千葉県内のある店舗では、ベビーカーおよびチャイルドシート売り場にAIカメラを導入したところ、売上が前年比2・3倍となった。

AIカメラは顧客の行動パターンを画像認識し、接客すべき顧客を感知している。具体的には、「きょろきょろと周囲を見回し、店員を探す」や「商品に手を伸ばす」「売り場滞在時間が長い」などの状況を把握するのである。さらに、高精度で顧客の年齢・性別を特定できるため、未成年者への酒類販売防止など、ほかの用途への活用も見込める。顧客個人の顔は特定せず、身体的な特徴から年齢・性別などを判断しており、個人情報の保護機能も併せ持つのである。

またAIカメラの導入効果は、接客支援にとどまらない。撮影した映像データから、顧客の人数や属性、店内行動パターンを自動で学習し、機械学習を用いた人流シミュレーション技術により、顧客が長く立ち寄る売り場や動線、手を伸ばす回数が多い商品棚などを可視化することができる。より買い物しやすい店内レイアウトや棚割りへの変更、品揃えの改善につなげられるのである。

実証実験を進めたある都内の店舗では、AIカメラのデータを基にサンドイッチの陳列位置を変更したところ、手に取られる量が4～5倍に増えた。

さらに、食品売り場の陳列棚には「シェルフサイネージ」を導入し、サイネージの上部にAIカメラを設置。蓄積した顧客の行動情報データから、年齢や性別に応じた広告を表示することで、よりパーソナライズされた商品提案も可能となっているのである。

AIカメラは一石二鳥、いや一石三鳥の効果を上げていると言ってよいだろう。

8 マスプロダクション➡余剰削減DI

同じ種類の商品を大量に生産する

生産方式のレンズでビジネスモデルを見ると、顧客のニーズに合わせてゼロから生産するカスタマイゼーション、限られた品種の商品を大量に生産するマスプロダクション、その両面を併せ持つマスカスタマイゼーションの3つに分類することができる。

ただし、生産設備の進展が著しい現代においては、純粋なカスタマイゼーションを採用する企業はほとんどない。一見、カスタマイゼーションのように見て取れる商品であっても、予め用意された材料や中間部品から、顧客のニーズに合わせて最終的な商品として仕上げている企業がほとんどであり、マスカスタマイゼーションに分類されることになる。

本節では、生産方式のレンズで分類したビジネスモデルのうち、マスプロダクションについて考察する。マスプロダクションは前述の通り、限られた品種の商品を大量に生産し、規模の経済を利かせて低コスト化を狙うビジネスモデルである。特定の顧客ニーズに狙いを定め、商品を予め大量に生産しておくことが特徴だ（図表4－12）。

図表4-12　マスプロダクションのDIカタログ

少ない品種を大量に生産することで、規模の経済を利かせる

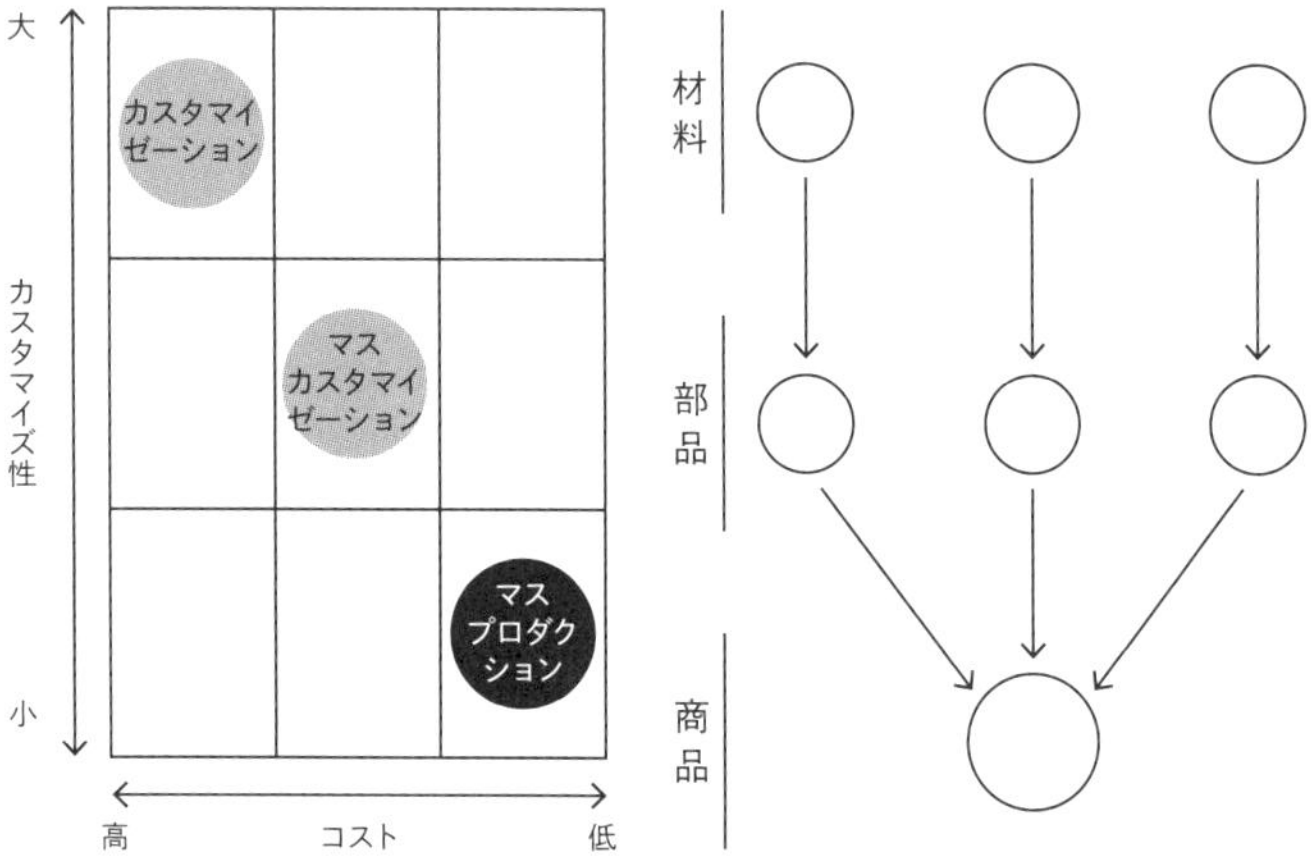

余剰削減DI

収益ドライバー		• 廃棄物原価 ▶環境と業績の二兎を追う
DIコンセプト	概要	• 生・販・在をコントロールする
	キーテクノロジー	• RFID • 画像認識 • デジタルツイン
潜在利益インパクト		• 営業利益率25pt向上（コスト削減による）

デジタル施策例

- 需要予測による過剰生産の抑制
- 需要予測による過剰発注の抑制
- 需要予測による社内間の在庫移動の最適化
- デジタルツインによる社内間の在庫移動の最適化

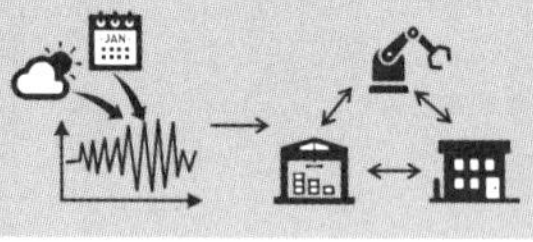

収益ドライバー：廃棄物原価「環境と業績の二兎を追う」

マスプロダクションは低コスト化を狙うビジネスモデルであるが、どの企業も製造コストの低減にはかなり力を入れて取り組んでいる。そのため、通常の原価計算で製造コストとして計上される費用については、改善のポテンシャルが小さいことが予想される。したがって、大幅なコストの低減を図るためには、別の視点から製造原価を見る必要がある。

そこで登場するのが、マテリアルフローコストという会計手法である。マテリアルフローコスト会計は、ドイツで原型が開発された環境管理会計手法だ。環境負荷低減とコスト低減の両立を目的としており、新たな視点を提供してくれる会計手法の一つである。

マテリアルフローコスト会計では、生産工程で使用する資源と、不良品・廃棄物・排出物の量を金額換算し、完成品原価とは別にロスのコストを明らかにする。生産工程では、原材料として投入したものの完成品とならずに廃棄されるものが必ずあるが、この廃棄物原価を明らかにすることで、改善箇所を炙り出すことができるのである。マスプロダクションにおいては、この廃棄物原価こそが収益ドライバーとなる。今は環境配慮とコスト低減を同時に追求できなければ、持続的な成長は見込めない時代になった。そのような中、デジタル技術によって、廃棄物を減らすためのコントロールが高度に行えることは欠かせない条件であると言えるだろう。

DIコンセプト：余剰削減DI「生・販・在をコントロールする」

デジタル技術で生産・販売・在庫、いわゆる生・販・在を高度にコントロールし、廃棄を減らすDIコンセプトを、本書では余剰削減DIと名付けたい。この余剰削減DIを支えているデジタル技術は2つある。

まず1つ目がRFIDである。RFIDは、情報を保持するRFタグと、タグから情報を読み取るスキャナで構成されるシステムの総称であり、データの読み書きを電波を用いて非接触で行うことができる。RFタグはICタグとも呼ばれ、交通系ICカードによく利用されているものだ。バーコードやQRコードと違い、電波を利用しているため、一つひとつ読み取る必要がなく、距離が離れている場合でも読み取ることができる。そのため、店舗の商品棚卸など、どこに何があるかの情報を正確かつタイムリーに把握したい際に有用な技術である。

もう1つ押さえておきたいのが、機械学習の進化による需要予測の精度向上である。特に、気象データを使った予測精度の向上は著しい進歩を遂げている。意外に思われるかもしれないが、人の行動は思っている以上に天気から影響を受ける。例えば、雨が降っているから買い物に行くのをやめよう、暑いから冷たい飲み物が飲みたい、といったような具合いである。加えて、日本の天気予報の精度は年々高くなっている。これを需要予測に役立てることで、一歩先を行く生・販・在の最適化が可能になってくるのだ。

では、これらのデジタル技術を活用して、どのように余剰削減DIに取り組んでいけばよいのか。くら寿司と相模屋食料の事例を紹介したい。

事例：くら寿司「サスティナブルビジネスの先駆者」

食品の廃棄は、SDGs目標12「つくる責任　つかう責任」にもあげられている重要な社会課題である。その観点から言えば、くら寿司はサスティナブルビジネスの先駆者と言っても過言ではない。

調理に際しては、寿司ネタにならない部分をすり身にしてコロッケなどに加工したり、骨なども魚粉にして養殖餌に役立てたりすることで食品ロスを減らしている。

加えて、RFIDを活用した廃棄の削減にも取り組んでいる。くら寿司では、回転寿司の皿に、寿司ネタをウイルスから守る透明なドーム状のふた「鮮度くん」が被せてあるのをご存じの方も多いと思われるが、実はここにＲＦＩＤが付けられているのだ。このタグ情報を読み取ることで、レーン上にある寿司の種類と量がわかる。さらに、過去の注文履歴や販売データなどと組み合わせることによって、レーンに流す皿数や製造するタイミングをリアルタイムに管理・指示する仕組みまで構築している。この取り組みだけでも、約15％だった廃棄率を約３％まで減少させることに成功したという。

回転寿司の原価率は50％と極めて高い。廃棄率削減に力を入れるべく、デジタル技術の効き所を見定め、生・販・在のコントロール精度を改善するくら寿司。ビジネスのサスティナビリティを向上させる観点からも、学ぶところが多いだろう。

事例：相模屋食料「豆腐指数で生産量を調整」

日本の食品ロス量は、年間６００万トンを超える。食べ残しや売れ残り、消費期限が近いなどの理由によって、毎日大型トラック約１７００台分の食品が捨てられていることになる。この食品ロス問題の解決という観点から大きな成果を上げているのが、相模屋食料だ。相模屋食料は、天候から予測される豆腐指数を活用することで、廃棄ロスを30％削減した。さらに、つくり過ぎによる人件費・光熱費を年間1000万円削減することにも成功している。

豆腐指数は、天候などから予測される寄せ豆腐の売れやすさを、最大100とした指数で表すものである。工夫が凝らされている点は、実際の気温や湿度データだけではなく、体感気温を指標として取り入れている点だ。同じ気温でも、夏の暑い日より、春や秋に急に気温が上がったときのほうが人は暑さを感じやすい。そこで、暑さ、寒さに関するSNS上の投稿数を体感気温として、豆腐指数の算出要素に加えているのである。

また、この豆腐指数の活用先は、サプライチェーンにまで及ぶ。相模屋食料と小売店が力を合わせ、サプライチェーン全体の廃棄ロスを削減しているのだ。かつて相模屋食料は、小売店からの豆腐の注文を出荷の前日に受けていた。しかし、豆腐の生産リードタイムは2日間であるため、生産開始時点で受注数を予測して豆腐を生産する必要があった。

このサイクルを豆腐指数で見直した。相模屋食料は、小売店にこれまでより1日早く発注してもらい、注文数を確定してから生産にとりかかる。小売店は豆腐指数を活用して需要を予測し、在庫リスクを極小化する。

食品メーカー・小売店の協創とデジタル技術の掛け合わせが、大きな廃棄ロスにつながっている好例であると言えるだろう。

9 マスカスタマイゼーション ➡ 適正調達DI

マスカスタマイゼーションは2つの生産方式が共存する

マスカスタマイゼーションとは、大量生産に近い生産性を保ちつつ、個々の顧客ニーズに応じた商品やサービスを提供するビジネスモデルである。少品種多量生産により生産コストを下げるマスプロダクションと、顧客ニーズに応じて要件を調整するカスタマイゼーションの2つの生産方式の側面を併せ持つのが特徴だ（図表4－13）。

収益ドライバー：調達費用「従来では困難だった調達費用の削減を狙う」

マスカスタマイゼーションで着目すべき収益ドライバーは、「調達費用」である。マスカスタマイゼーションは2つの生産方式が共存するため、調達やオペレーションが複雑になり、コストがかさむ傾向にある。特に調達コストは、価格交渉力が担当者のスキルに左右され、加えてマスプロダクションほどの規模の経済も狙いづらいため、コストを削減しようにもそ

図表4-13　マスカスタマイゼーションのDIカタログ

部品を共通化することで、カスタマイズ性と規模の経済を両立させる

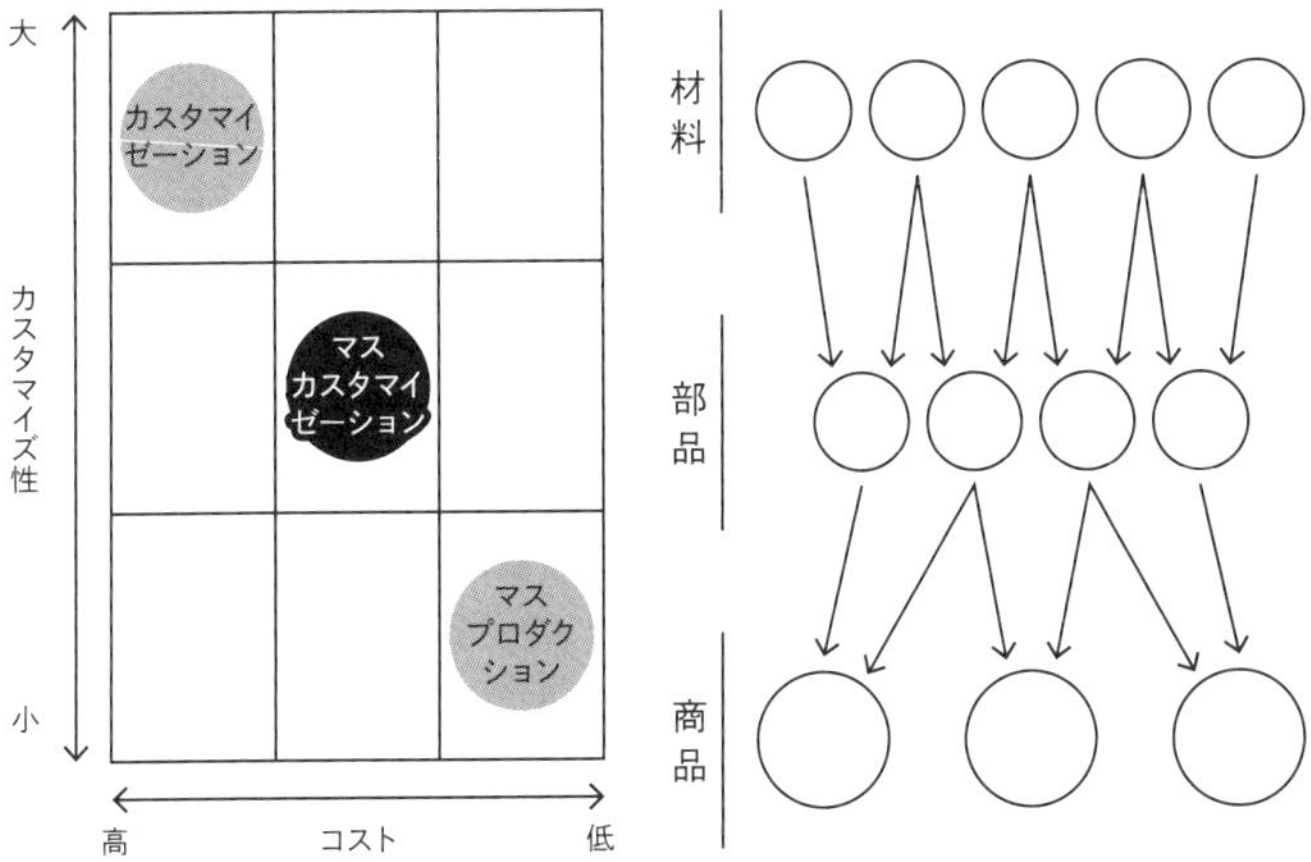

適正調達DI

収益ドライバー		● **調達費用** ▶従来では困難だった調達費用の削減を狙う
DIコンセプト	概要	● 欠品しないように安く調達する
	キーテクノロジー	● 3Dプリンター ● 画像認識
潜在利益インパクト		● 営業利益率24pt向上（コスト削減による）

デジタル施策例

- 3Dプリンターによる材料・部品の製造
- 来客数予測や需要予測による材料の自動発注
- サプライヤーへの発注価格低減余地の予測
- 画像認識による品質判定を通じた仕入れ価格設定

の削減度合いには限界があった。

しかし今、デジタル技術がその壁を突破しようとしている。ばらつきが大きかった価格交渉力を、デジタル技術が均一化。さらに、これまでの調達・生産を抜本的に変革するデジタル技術も登場してきているのだ。

DIコンセプト：適正調達DI「欠品しないように安く調達する」

マスカスタマイゼーションにおいては、商品や部品の欠品を防ぎつつ調達価格が最も安くなるように調達する、適正調達DIが効果的だ。そのために活用するデジタル技術には様々な種類がある。

例えばAI。過去に調達した部品の価格とその傾向をAIに学習させておくと、サプライヤーから類似部品の見積りが来た際に、過去の傾向から算出した予測価格と比較し、適正な価格であるかを判定することができる。また、牛肉のように品質によって価格が変動するようなものについても、画像認識を活用することで品質査定のばらつきをなくすことができる。

さらに、材料や部品の調達を抜本的に変革する技術として3Dプリンターがあげられる。3Dプリンターとは、3D CADで設計したデータを基に樹脂などで立体オブジェクトを製造する装置のことである。実は世界初の3Dプリンターの開発は、日本人の手によるものだった。1980年、名古屋市工業研究所の小玉秀男氏が、新聞印刷の仕組みを3次元の製造に応用したものが3Dプリンターの原型となった。そして、この3Dプリンターは調達業務を抜本的に変革するポテンシャルを秘めている。

企業は、受注・生産はもちろんのこと、修理や交換などに備えて、材料・部品の在庫を蓄えておかなければならない。通常のマスカスタマイゼーションを採用する事業では、多種多様な材料・部品の在庫を多く抱え込むこととなる。ところが3Dプリンターがあれば、必要なときに必要に応じて生産すればよいことになり、余分な材料や部品の調達を減らすことができる。この考え方はデジタル在庫と言われる。このように、3Dプリンターは調達のあり方を根本から変える技術なのである。

ここで、これらの技術を活用した調達最適化の先進的な取り組みとして、日野自動車とグッデイの事例を紹介したい。

事例：日野自動車「3Dプリンターで実現する変幻自在のコンセプトカー」

日野自動車は、主にトラック・バスなどの商用車を製造する自動車メーカーである。ライフスタイルの変化とニーズの多様化に伴い、商用車の分野においても顧客ニーズに合わせた自動車が求められるようになってきている。そのような中、日野自動車は「フラットフォーマー」というコンセプトを発表した。

従来、日野自動車では、トラックやバスといった車種別に生産ラインを設けていた。一方、フラットフォーマーでは、動力部分とボディ部分で生産ラインを分離させている。動力部分は躯体が水平な板状になっており、その上にボディ部分を容易に組み合わせられる構造である。これにより、ミニバスやキッチンカーなど、顧客ニーズに応じたボディをつくり、動力部分と組み合わせることで、変幻自在の商用車がつくれるというわけだ。

この動力部分の制御系ユニットや、バッテリーなどが搭載されるフレーム等の製造に、3Dプリンターが利用されている。3Dプリンターによって、多様なニーズに応えつつ、製造プロセスのリードタイムとコストの削減を実現しているのである。

さらには現在、ボディ部分においても3Dプリンターを活用した車づくりが模索されている。顧客が日野自動車のコンシェルジュと相談しながら車の設計をつくり上げ、工場で3Dプリンターを活用して製造するという。

3Dプリンターは、30年以上前からプロトタイプ製作の場で活用されてきた。それが近年、様々な分野での実用化に向け、技術革新が本格化している。3Dプリンターを活用することで、ニーズの多様化への対応とコスト削減を両立した生産が可能になるのだ。

事例：グッデイ「画像認識を活用した生花の調達の最適化」

九州北部を中心に展開するホームセンターのグッデイは、ＡＩを用いて生花の状態を評価し、調達コストを最適化する取り組みを行っている。従来は、バイヤーが仕入れ先を訪ねて肉眼で生花の状態を評価し、必要なものを選んで仕入れるというプロセスであった。しかし、バイヤーがその都度仕入れ先を訪問しなければならなかったり、バイヤーによって評価の品質にばらつきがあるなどの課題が多くあった。

そこでグッデイは、生花の画像からＡＩを用いて自動的に品質を評価する仕組みを導入した。これにより、バイヤーが仕入れ先を訪問する必要がなくなり、調達品質を統一することにも成功した。さらには、生花に関して専門知識を持たない社員であっても仕入れ業務を担えるようになったほか、店頭で販売している生花の廃棄や値引きもＡＩで自動的に判定することができるようになった。

グッデイが導入したような画像認識による品質判定技術は、様々な業界で求められるものであり、汎用性のある取り組みの先進事例であると言えるだろう。

10 売り切り ➡ プライシングDI

自らが生成した価値を交換するシンプルなモデル

商品やサービスの価値を売り手である企業が生成し、顧客は対価を支払うことで商品やサービスを消費する。これが、売り切りモデルである。

価値生成の主体が自社であるか否かを確認すれば、このモデルに該当するか否かが見極められる（図表4－14）。

収益ドライバー：価格「機械学習と価格の表示技術が値決めの幅を広げている」

売り切りのビジネスモデルにおいては、ビジネスの目標を商品の交換に据えるため、いかに顧客の購入を促すかが成否を左右する。ゆえに、マーケティングが最重要視され、より高度なマーケティングが追求されることになるが、中心となるのはやはり、4P（Product・Price・Place・Promotion）による伝統的なマーケティングだ。

図表4-14　売り切りのDIカタログ

企業が生成した価値を、顧客と交換する

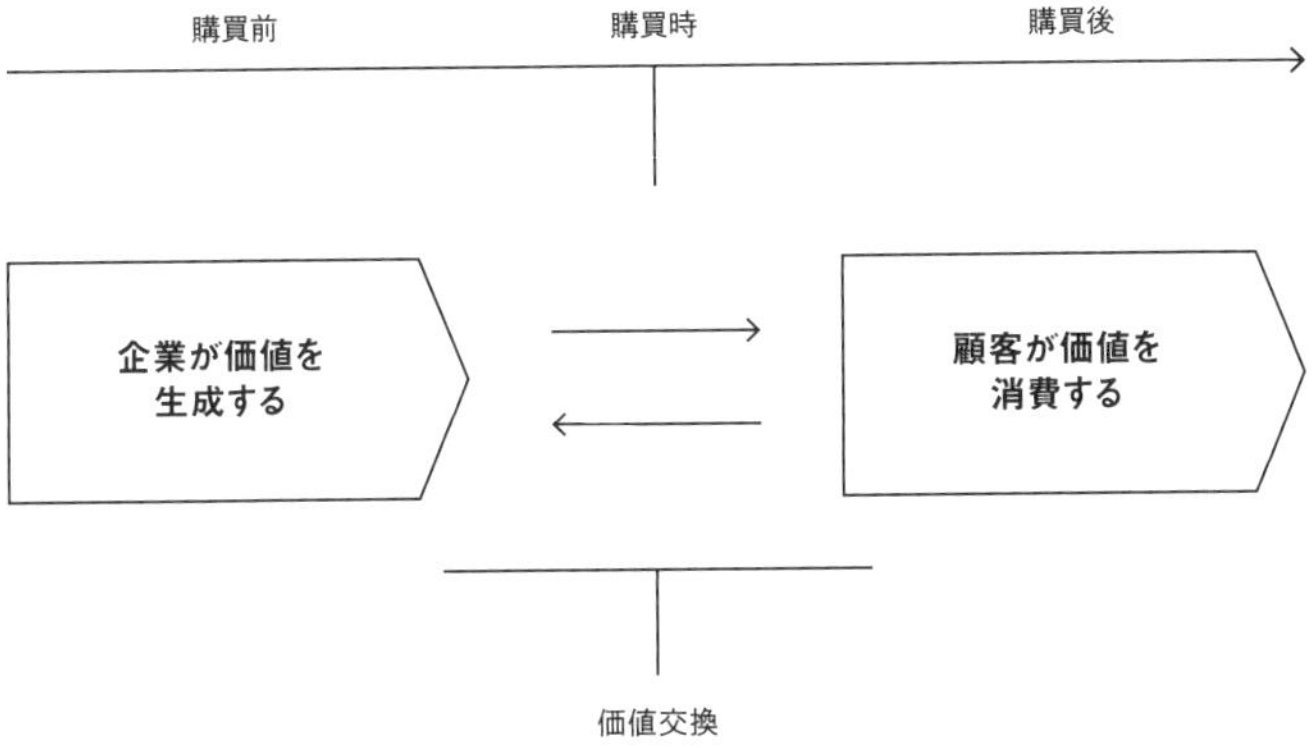

出所：藤川佳則、阿久津聡、小野譲司「文脈視点による価値共創経営：事後創発的ダイナミックプロセスモデルの構築に向けて」を参考にベイカレント・コンサルティング作成

プライシングDI

収益ドライバー		• **価格** ▶機械学習と価格の表示技術が値決めの幅を広げている
DIコンセプト	概要	• ダイナミックプライシングをより強く、より広範囲に
	キーテクノロジー	• 価格変動アルゴリズム • 電子棚札
潜在利益インパクト		• 営業利益率8pt向上（売上向上による）

デジタル施策例

- 需給や競合価格などに応じたオンライン価格の自動変動
- 需給や競合価格などに応じたリアル店舗価格の自動変動
- 需給や競合価格などを使った価格設定レコメンド
- 躊躇している顧客などの特定、需要喚起策の実施（割引クーポンなど）

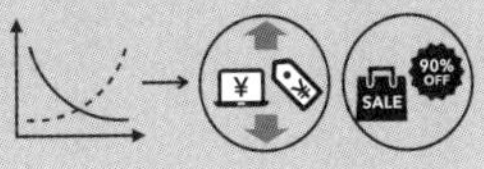

売り切りモデルでは、4Pの中から「価格（Price）」を収益ドライバーとして選定する。得たい利益を確保しつつ売り切ることに徹するならば、価格をどう設定するかが圧倒的に重要な要素となるからだ。加えて、機械学習によって価格設定が発展し、電子棚札などで価格表示が発展したことで、これまで機動的に動かせなかった価格を動かすことができるようになったことも、価格を収益ドライバーとする背景にある。

名経営者として名高い稲盛和夫氏も、「値決めは経営」と言っている。

「商売というのは、値段を安くすれば誰でも売れる。それでは経営はできない。お客さまが納得し、喜んで買ってくれる最大限の値段。それよりも低かったらいくらでも注文は取れるが、それ以上高ければ注文が逃げるという、このギリギリの一点で注文を取るようにしなければならない」

稲盛氏のこの言葉に、価格を収益ドライバーとすることの意味がすべて集約されていると言ってよいだろう。

D-コンセプト：
プライシングDI「ダイナミックプライシングをより強く、より広範囲に」

プライシングDIは、デジタル技術によって発展したダイナミックプライシングを、売り切りモデルの現場で徹底的に活用しようというＤＩコンセプトである。

ダイナミックプライシングとは、購入時期や購入条件などに応じて異なる価格を設定するプライシングのことだ。価格の変動性を上げ、「値決めは経営」を高いレベルで実現するのである。

周りを見渡せば、身近な場面で価格は変動している。例えば、旅行では、ＧＷやお盆といった繁忙期では価格が上がり、平日や閑散期では価格が下がる。また、外食の際にランチの時間だけ価格が下がるのも、ダイナミックプライシングの一種である。

では、ダイナミックプライシングによって、企業は何を実現できるのだろうか。それは、利益の最大化と消滅性への対応である。

消滅性とは、飛行機の空席、生鮮食品の消費期限などのように、時が過ぎれば消滅してしまう性質のことを指す。ダイナミックプライシングを用いれば、消費者ニーズに合わせて商品やサービスを売り切れるため、この消滅性に対応し余剰在庫を抱える等のリスクを減らすことができるのである。

また、現在ダイナミックプライシングは、デジタル技術によって価格設定と価格表示の両面で高度化を遂げている。

価格変動のアルゴリズムは、経験型、統計型を経て現在、自律型に至っている。自律型とは、機械学習によって価格設定モデルを継続的に更新していくものを指す。例えば、気象情報や地域イベントなどのデータを随時取り込み、価格変動の精度を上げていく。この自律型のアルゴリズムの登場を背景に、価格設定は高度化のスピードを上げているのだ。

また、これまではECでの採用が一般的であったダイナミックプライシングだが、今日では電子棚札などの機器が安価になり、リアル店舗でも採用が進みつつある。

以上のようにデジタル技術によってその可能性が大きく広がったダイナミックプライシングを活用した、プライシングDIの事例を見てみよう。

事例：ルクサ「購入を悩むユーザーにだけクーポン発行」

「ルクサ」はレストラン、エステサロン、お届けグルメなどを対象に、高級・厳選された商品を提供するネットショッピングサイトである。

ルクサはそのショッピングサイトで、購入を迷っている人、また購買を促したい人に限定してクーポンを発行し、背中を一押しするという施策を実施した。クーポンは値引きにあたるため、ダイナミックプライシングの一種である。そして、その施策の効果は、クーポン使用率で2・1倍、購入率においても1・2倍と非常に大きな成果となった。

ルクサは、品数で勝負する一般的なECサイトと異なり、高級志向で品数を絞った運営スタイルをとっている。そして、商品の価値と価格を天秤にかけたときに生まれる驚きによって、衝動的な購買を促すことを肝としている。しかし、もちろん顧客の背中の一押しは必要だ。リアル店舗であれば、店員の声掛けに背中を押されてレジへ向かうことも少なくない。だが、ECサイトにはそれができない。仮に、サイトへの来訪者全員にクーポンを発行することで背中を押そうとすると、売上数量は増えても利幅が少なくなってしまう。

そこで考えた施策が、購入を悩むユーザーにだけクーポンを表示するというものだ。〝購入を悩む〟の定義を、「滞在時間401秒以上、かつ直近4週間未購入」とし、その条件を満たすユーザーにだけクーポンを表示するのだ。

また、ルクサはRFM分析を行い、顧客の属性を分類するという手も打った。RFM分析とは、顧客を最終購買日（Recency）、購入頻度（Frequency）、累計購買（Monetary）の3軸で分類する手法を指す。顧客を15のグループに分類するとともに、注力グループに対してだけクーポンを表示したのである。

これら一連の施策が、先の成果につながったのだと推察できる。ECにおいても、ダイナミックプライシングの高度化は進展し続けていることを示す好事例と言えるだろう。

事例：ビックカメラ「リアル店舗でのダイナミックプライシングの先駆け」

ダイナミックプライシングは、リアル店舗にも採用されるようになってきた。家電量販店のビックカメラは、価格が自動で変わる電子棚札を導入している。

リアル店舗で価格を変動させたい場合、これまでは店員が一品ごとに値札を差し替えなければならなかった。これには、店舗でプライスカードを印刷し、規定の大きさに切り、店頭で差し替える作業が発生する。品数が数十万点にも及ぶ大手小売店では、その値札変更には途方もない手間と時間を要する。リアルタイムの価格変動は、ほぼ不可能であった。

そのような中、２０２０年、ビックカメラは全店舗において電子棚札を導入した。それも単なる棚札導入ではない。顧客コミュニケーションの機能もつけたのである。

電子棚札には商品名と価格に加えて、レビュー評価平均値とレビュー件数が表示されており、オンラインショップのユーザーレビューの結果とリアルタイムで連動している。また、棚札にスマホをかざせばＥＣサイトの商品ページにアクセスすることもできる。

電子棚札は安価になってきており、リアル店舗でのプライシングＤＩは、増加の一途をたどるだろう。

11 サブスクリプション➡リテンションDI

サブスクリプションの本質とは

サブスクリプションを企業側の視点で定義すれば、「利用する期間に応じて利用者から料金を受け取りながら、継続的にサービス提供や商品販売を行う事業モデル」を意味する。

定額制、従量制などの課金方法が注目されるが、本質はそこにはないことに注意が必要である。サブスクリプションの本質は課金方法ではなく、価値生成の主体が従来の「企業単独」から、「企業と顧客の双方」へ移った点にある（図表4－15）。

この考え方は、サービス・ドミナント・ロジック（S－Dロジック）として、スティーブン・バーゴとロバート・ラッシュによって2004年に提唱されたものである。「価値は企業と顧客が協創するもの」という世界観である。S－Dロジックでは、従来の「交換価値」に代えて、企業と顧客がやり取りし続けることによって生まれる「使用価値」や「文脈価値」を重視する。「使用価値」「文脈価値」について、ナイキのランニング支援の仕組みである「ナイキプラス」を例にとって説明しよう。

図表4-15　サブスクリプションのDIカタログ

企業と顧客が、価値を協創する

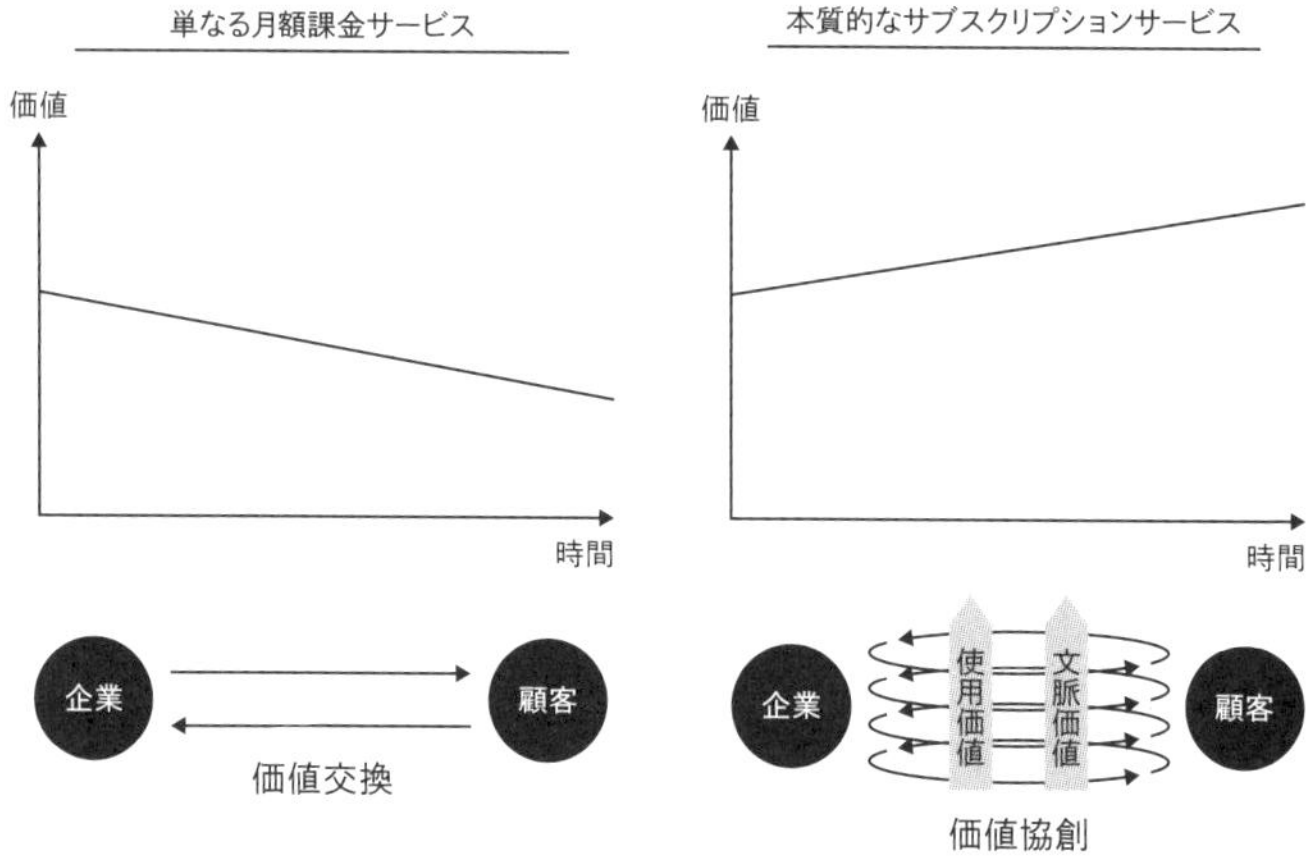

リテンションDI

収益ドライバー		● **継続率** ▶使用価値と文脈価値の積み重ねがLTVを左右
DIコンセプト	概要	● データ力×現場力で顧客を逃がさない
	キーテクノロジー	● 勾配ブースティング決定木（GBDT） ● 自然言語処理
潜在利益インパクト		● 営業利益率18pt向上（売上向上による）

デジタル施策例

- データ分析に基づいた解約しそうな顧客への解約防止提案
- 解約したい人がチャットボットを利用した際の解約引き止め
- 応答レコメンドによるオペレーターの応対品質向上
- データ分析による解約原因の特定・改善

「使用価値」とは、使えば使うほど増幅する価値を意味する。顧客がナイキのシューズを履いて走るほどランニングデータが蓄積され、あとで自分の走行履歴を振り返ることができるというのが、ナイキプラスの使用価値だ。

一方「文脈価値」とは、顧客が置かれた文脈（背景）によって価値が変化することを指す。同一のナイキのシューズでも、それを履いて走るランナーの能力やランニングシーンによって価値は変化する。例えば、ダイエットのためなのか、マラソン大会に臨むためなのか、その目的によって顧客が求める価値は変化するのだ。

企業と顧客が協創するこれらの「使用価値」「文脈価値」の対価として、継続的に料金を受け取る。これがサブスクリプションモデルの本質なのである。

収益ドライバー：継続率「使用価値と文脈価値の積み重ねがＬＴＶを左右」

サブスクリプションでは、継続率を収益ドライバーに据える。それはサブスクリプションではＬＴＶという指標が重視されるからである。ＬＴＶは、Life Time Value（顧客生涯価値）の略で、使用価値と文脈価値を顧客と協創していった結果、一人の顧客が企業にもたらす利益の総額のことを指す。使用価値と文脈価値の大きさが、そのまま商品・サービスの継続利用に跳ね返る。そして、継続利用が使用価値と文脈価値をさらに高めていく。この循環がLTVを向上させていくのだ。

加えて、この継続率はデジタル技術とも相性が良い。機械学習が、顧客離れの防止に大きな力を発揮するのである。

DIコンセプト：リテンションDI「データ力×現場力で顧客を逃がさない」

サブスクリプションにおける継続率の維持・向上に効くDIコンセプトは、リテンションDIだ。リテンションDIとは、顧客の不満を招く要因をデータに基づいて特定し、その不満要因をいち早く取り除くものである。

近年、この要因分析はデータサイエンティストによって担われることが増えた。そのデータサイエンティストが行う要因分析とは、具体的にはどのようなものなのか見ていこう。まず、「Aさんが3カ月以内にサービスを解約する確率は何%か」といったように問題を定義する。次に、解約に関連しうるデータを集めてくる。そこから、モデルづくりを試行錯誤し、一定の精度で予測をはじき出す。

この要因分析では、機械学習が活躍する。なかでも「GBDT（勾配ブースティング決定木）」という手法が、データサイエンティストの間では定番となっている。その理由としては、高い精度が安定して期待できること、欠損値をそのまま扱えること、データを取捨選択する必要がないことが挙げられる。いずれもデータサイエンティストの試行錯誤を助けてくれるため、大変好まれるのである。

例えばこのGBDTを使って要因分析を行うと、先に挙げた例であれば「Aさんが3カ月以内にサービスを解約する確率が80％、解約する要因は閲覧コンテンツが関係している」といったことが見えてくる。

そのうえで、不満を招く要因を探りにいく。Aさんと対話したコールセンターの担当者に話を聞くのも有効だろう。うまくいけば、Aさんが不満を感じていたヒントにたどりつくことができる。ここで肝要なのは、データは不満要因に当たりをつけることに用い、最後は現場に探しにいくということだ。顧客が抱く不満は千差万別であり、人が解約する気持ちになる根本原因までデータ化されていることは稀だからだ。データ分析と現場調査を行き来しながら、顧客の不満を特定し、それをいち早く取り除く作業を積み重ねる必要がある。

ここで、このリテンションDIの先進的な取り組みとして、サブスクリプションにおける継続率の改善に成功しているバンダイとオイシックス・ラ・大地（以下、オイシックス）の事例を紹介したい。

事例：バンダイ「会話を重ねて解約防止数を増やす」

玩具メーカーでお馴染みのバンダイもサブスクリプションサービスを展開している。動画配信サービスのバンダイチャンネルがそれである。月額1100円（2021年5月時点）の有料会員は、テレビアニメ・OVA・特撮等の動画を無制限で視聴することができる。ではバンダイチャンネルは、収益ドライバーである継続率をどのように高めているのだろうか。

継続率は、入会からの期間および視聴コンテンツと因果関係がある。動画配信サービスでは、一般的に無料お試し期間があり、見たかった作品をこのお試し期間で見終わった人の一部は解約してしまう。さらに、その解約率はどのコンテンツを目当てにしているかでも変わってくる点が面白い。例えば、『機動戦士ガンダム』の旧作から視聴を始めた人は継続する傾向が高く、『鬼滅の刃』から視聴した人は見終えるとすぐに解約する傾向があるという。

そこでバンダイチャンネルは、解約ページにチャットボットを設置した。解約ページに来た人でも、まだ悩んでいる人が一定数存在する。その解約希望者と対話する機能を打ち手として講じたのである。解約を悩んでいるかどうかをチャットボットが質問する形で話しかけ、解約を思いとどまらせる会話をするのだ。その効果は絶大で、会話をしなかった人と比べると解約防止率が10倍になったという。

加えて、利用者の気持ちに踏み込んだ創意工夫も怠らない。チャットボットとの会話数は平均7・6回である。解約希望であれば、会話などせずにすぐ解約してしまうのではないかと思われがちだが、実際には一定の会話が重ねられ、その会話数と解約防止数の関係には顕著な傾向が見られるという。4回以上の会話で解約を思いとどまる人が増加し、約10回でそのピークが訪れる。その後いったん解約傾向が強まるが、約20回で解約を思いとどまる人が再び増加するというのである。こうした分析を踏まえて、チャットボットに会話の駆け引きを学習させることで、解約率の低減を実現したのだ。

事例：オイシックス「データで顧客の『内なる声』を見抜く」

食品宅配大手オイシックスは、LTVを重要指標と位置付け、定期配送サービスの継続率向上に注力している。

顧客が通常記入する解約理由は、「引っ越しのため」など表面的なものであるが、顧客本人すら意識していない「内なる声」をデータから見抜くのだ。そして分析結果を基に、解約率低減の施策をいくつも生み出している。

定期配送では、顧客は献立計画などに合わせて、商品の組み合わせを毎週自由に入れ替えられる。ところが入れ替えを顧客がうっかり忘れ、本当は変更を希望していたが、先週と同様の商品が届いてしまうケースが一定数あり、これが解約につながる一因となっていることがデータ分析により判明した。

そこでオイシックスは、注文変更の期限を朝8時から朝10時へと遅らせたほか、期限前日までに入れ替えを指示していない顧客に対してLINE通知を行う施策を実施した。すると、この打ち手だけで解約率は2割ほど下がったというのだ。

また、「トロなす」や「かぼっコリー」といった独自のネーミングを施した野菜を、加入後の初期段階で選んだ顧客は定着率が高いという傾向がデータ分析により判明した。そこでオイシックスでは、これらを「キラー野菜」と呼び、お試しセットなどに組み入れることで継続率向上につなげている。

施策の実行・改善にあたっては、データ分析だけではなく、顧客へのヒアリングも怠らない。Webアンケート実施のほか、実際に顧客のもとへ足を運び、サービスに対する生の声をじっくりと聴く。社長自ら、月1回は必ず顧客の自宅を訪問するという徹底ぶりである。データ分析と現場での丹念なヒアリングの両輪で、サービスをアップデートし続ける不断の取り組みこそ、コロナ禍においても好調な業績を上げ続けている秘訣であると言えるだろう。

12

ノンフリル ➡ 逸脱発見D－

コアバリューを際立たせる

フリルとは飾りのことであり、ノンフリルとは飾りを取り払うことだ。すなわちノンフリルとは、過剰な機能やサービスをできるだけ省き、コアとなる商品やサービスの品質を下げることなく低価格で提供するビジネスモデルである（図表4－16）。

ノンフリルの代表的な例が、ＬＣＣ（格安航空会社）だ。従来の航空会社が運航ネットワークの多様化や機内サービスの充実化に取り組む中、ＬＣＣは運航区間を限定したり、機内サービスを有料化したりすることで、コアサービスの品質を一定に維持しながら低コストを実現した。

ここで留意しなければならないのは、ノンフリルは「安かろう悪かろう」ではないということである。コアの顧客価値と定めた領域については、一定水準を超える機能やサービスは省くものの、コアとなる品質は徹底追求するのが、このビジネスモデルの特徴であると言える。

図表4-16　ノンフリルのDIカタログ

ノンフリルは過剰な機能やサービスを省き、安く提供する

一般的な航空会社	一般的な航空会社とLCCの比較	LCC（ノンフリル）
広い	座席	狭い
無料	座席指定	有料
料金に含む	機内食	別料金
料金に含む	ドリンク	別料金
無料	預け手荷物	有料

逸脱発見DI

収益ドライバー		● **回転率** ▶外れ値を除き、最適なレンジにとどめる
DIコンセプト	概要	● 外れ値を見つけ、人による対処へつなげる
	キーテクノロジー	● k-means法 ● 時系列分析
潜在利益インパクト		● 営業利益率24pt向上（コスト削減による）

デジタル施策例

- 勤務シフト自動作成による過剰人員の抑制
- 自動発注による過剰発注の抑制
- 適正価格予測による過剰割引の抑制

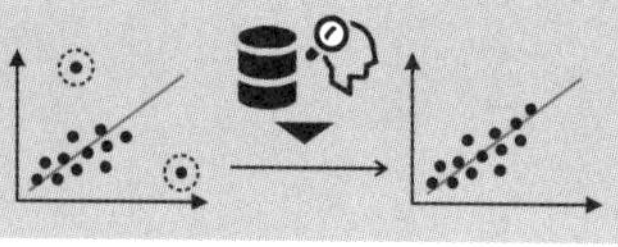

収益ドライバー：回転率「外れ値を除き、最適なレンジにとどめる」

ノンフリルでは、コアとなる機能やサービスを決めたうえで、商品やサービスを安定的に提供することが必要だ。それが実現できているかどうかを図る指標の一つが回転率である。

回転率は一概に高ければよいというものではない。高すぎる回転率は、在庫切れなどの機会損失やサービス品質の劣化を招く可能性があるからだ。そのため、商品の生産リードタイムや、サービスの提供サイクルを踏まえて、最適な回転率のレンジを設定する必要がある。レンジを設定したら、回転率をそのレンジ内に維持できているかどうかを見ていけばよい。つまり、回転率レンジから逸脱した事象が発生していないかどうかを監視しなければならないということだ。

この逸脱の発見は、デジタル技術が得意とする分野である。デジタル技術を活用して、いわゆる「外れ値」を特定することで、問題を発見して素早く対処することができる。

DIコンセプト：逸脱発見DI「外れ値を見つけ、人による対処へつなげる」

外れ値とは、他のデータと比較して極端な値のことである。例えば、学力試験の平均点が70点だった場合、10点や20点は平均点から極端に離れているため、外れ値と位置付けられる。この外れ値、すなわち標準レンジからの逸脱をデジタル技術によって見つけ出すことができれば、それに対処することで回転率を適正なレンジに維持することができる。このDIコンセプトを、本書では逸脱発見DIと名付けることとする。

外れ値を検出する方法はいくつか存在するが、本書では取り扱いが比較的容易な、箱ひげ図とk－means法の2つを紹介したい。

まずは箱ひげ図である。箱ひげ図は、データのばらつきをわかりやすく表現した統計図であり、データの母集団から最大値・最小値・中央値などを算出し図解するものだ。この箱ひげ図の最大値と最小値が外れ値だった場合、それらに対処することとなる。Microsoft Excelを用いれば、箱ひげ図を容易に作成し、外れ値を特定することができる。

次に、k－means法であるが、これは機械学習の一種であり、母集団を複数のクラスタに分け、各データがどのクラスタに属するかをラベル付けする手法である。k－

ｍｅａｎｓ法を用いた分析を行うと各クラスタの中心を取るような値が算出されるが、その中心の値から離れたデータや、ラベル付けされたデータが極端に少ないクラスタを、外れ値と見なすことができる。

このような分析手法を用いることで、外れ値を特定できるが、ここで紹介したような分析手法はあくまで外れ値を「見つけ出す手段」である。見つけ出した外れ値に対して、その原因分析や、有効な打ち手の検討は人がやらなければならない。そのため、難易度が高い手法に固執しても、その結果から人が原因の分析や打ち手の検討ができなければ意味がない。逸脱発見ＤＩのポイントは、人が理解できるようなシンプルかつ効率的な分析をすることにある。

ここで逸脱発見ＤＩに取り組む企業として、「ＱＢハウス」の事例を紹介する。シンプルな分析から有効な打ち手を実行しており、逸脱発見ＤＩの模範とも言える取り組みを行っている。

事例：ＱＢハウス「回転率の適正レンジをシンプルに追求する」

キュービーネットが運営する「ＱＢハウス」は、１９９６年に「10分１０００円のヘアカット専門店」を売りに第1号店をオープンして以来、急成長を遂げている。QBハウスは、シャンプーなどを余剰サービスと捉え、それらを省くことで低価格を実現するノンフリルの代表例であるが、当然、コアサービスの品質維持には力を入れている。指名制をとっていないこともあり、「どのスタイリストにあたっても、質のばらつきがないサービスを提供すること」を最重要課題として位置付け、サービス品質の標準化に取り組んでいるのである。

そこで効果を発揮するのがデータ分析である。QBハウスが特徴的なのは、難しく考えずシンプルにデータ分析を使いこなしている点にある。QBハウスの各店舗では、詳細な売上日報を毎日作成している。この売上日報は、時間帯別・椅子別に、来店者数・平均待ち時間・平均カット時間などを一目で把握することができるものだ。これによって、平均カット時間が標準レンジから逸脱している店舗やスタイリストを明確に特定することができる。特定した後は、人がその原因を分析して対策を打つのである。平均カット時間が10分以上かかる、逆にカット時間が短すぎるなど、標準レンジから逸脱している店舗やスタイリストを特定する点にのみデータを活用しているわけである。

特に、ヘアカット時間の計測方法が面白い。ヘアカットが終わるとエアウォッシャーで毛くずを吸引して仕上げにかかるのだが、このエアウォッシャーの電源オフがカット終了のタイミングとなっているのだ。この仕組みによって、顧客別のカット時間を自動的に記録することができるのである。

　このような取り組みによって、ＱＢハウスは回転率を適正なレンジに維持し、安定的なサービスを提供し続けることに成功している。デジタル技術の活用といっても、必ずしもそこに難しい技術が必要とされるわけではない。逸脱発見ＤＩに取り組むにあたっては特に、シンプルにデータを使いこなすという視点が求められると言える。

第4章のまとめ

●事業戦略論との交点を探る本章では、デジタル施策の小粒感に悩む企業へ処方箋を提供すべく、ビジネスモデル論とDXの交点を、スコープを「DI」に絞って掘り下げた。

●DIの取り組みを「外さない」ためには、ビジネスモデルを起点とした一連のセットである〝DIカタログ〟を揃えることが有効だ。DIカタログとは、「ビジネスモデル概要」「収益ドライバー」、DIの方向性である「DIコンセプト」、それを具体化した「デジタル施策例」と、その結果創出される「潜在利益インパクト」をコンパクトにまとめ上げたものである。

●「外さない」DIのファーストステップとして、自社のビジネスモデルの理解が不可欠である。5つのレンズから見える13のモデルの組み合わせで、ほぼすべてのビジネスモデルを表現可能であり、自社のビジネスモデルを適切に再認識することができる。

●セカンドステップは、自社のビジネスモデルにおいてデジタル技術の潜在力がいかんなく発揮される急所、すなわち収益ドライバーを特定することである。それには、売上をドライブするポイントやコストを左右するポイントを意識するだけでは足らず、デジタル技術によって可変域が広がる変数に着目することが鍵となる。

●ビジネスモデルと収益ドライバーを適切に認識できたら、収益ドライバーに効くDIの方向性である「DIコンセプト」を定め、具体的なデジタル施策へと落とし込んでいくこととなる。

●その先には利益改善のポテンシャルが広がっており、サーベイに基づく営業利益率の潜在的な改善幅の定量化も試みた。非常に大きな数値に感じるだろうが、長い年月をかけて徹底的にやり切れば、達成を望みうる数値と考える。

●以上のようなアプローチに沿って、ビジネスモデルごとにDIカタログとその事例を併せて紹介している。施策の小粒感の払拭に向けた、DIの方向性や具体施策を検討するための〝辞書〟として、DIカタログを使い倒していただきたい。

第5章

デジタル組織の将来像を組織の進化理論で描く

1 本章の概略と読み方

組織は慣性を持っている。慣性とは、他からの力を受けない限り現在の運動状態が変化しないという性質であり、企業を始めとする組織も何らかの思考・行動様式に必ず染まっているものである。組織の慣性を新たな方向へ転換するのが非常に難しいものであることは、読者の皆さんも身をもって感じていることだろう。

ＤＩやＤＸを推し進めるうえで一番難しいのは、実はこの組織慣性の転換かもしれない。ＤＩにしろＤＸにしろ、進めていく中では必ず多くの課題が立ちはだかり、それらの中には積年の課題も必ずある。そして、積年の課題の背後では、変わらない組織慣性が働いていることがほとんどだ。ＤＩやＤＸに向けた試行錯誤は、究極的には組織慣性との戦いと言っても過言ではない。

「組織は戦略に従う」という言葉がある。アルフレッド・チャンドラーのこの言葉に従えば、企業戦略や事業戦略のアップデートとともに、組織もアップデートし続ける必要がある。すなわち、組織の慣性も戦略に従って方向転換し続ける必要があるのだ。ゆえに他章と同じく、本章でも「点ではなく営みを目指す」ための方法論にこだわっていくこととする。

本章では組織戦略論とDXの交点として、デジタル組織の将来像を組織の進化理論に基づいて考察していく。

まずは他部門との融合が進むデジタル組織の最前線を追い、その妥当性を組織の進化理論、特に組織ルーティンの概念で検証する。組織ルーティンの概念に基づけば、デジタル組織はどのような変遷をたどるべきなのか。今挑んでいるのがDIの場合、いかなる組織構造に向かうべきなのか。そして、DXの場合はどうなのか。一つひとつを解き明かしてみたい。ここでも、「変革は2つのモードに分けて進める」にこだわる。その先に、組織融合の妥当性と、組織慣性の問題を乗り越えたデジタル組織の将来像が見えてくるからである。

そのうえで、組織融合の成功確度を上げる打ち手のフレームワーク、「道標と3つの力」を、アフラックとベネッセの取り組み事例とともに紹介する。2社の取り組みを深掘りし、「最先端を解き明かす」ことで、組織慣性の方向転換の確度を上げるうえで具体的に何をすればよいのかが実感を伴って理解できるはずだ。

なお、前章では興味のあるビジネスモデルから読み進めることをおすすめしたが、本章については2つの読み方をご提案したい。

1つは、理論を理解し、その理論に基づいて事例を読み解くアプローチ。この場合は、順を追って読んでいただきたい。もう1つは、先に事例を読み、そのメカニズムを追っていくアプローチ。この場合は、第2節と第3節、第5節と第6節の具体事例から読み始めるのがよい。三菱UFJ銀行、アフラック、ベネッセの事例は、多くの人にとって示唆に富む内容のはずである。

ただし、本章に続くアフラックの二見通氏との対談は、本章を読み終えた後に味わっていただきたい。二見氏が語る示唆の奥深さは、本章を読んでこそわかるものであるからだ。

では、本章は他章と趣を変えて、デジタル組織の最新動向を追うところから始めていこう。

2 デジタル組織の他部門との融合が始まっている

組織融合の道を選んだ三菱ＵＦＪ銀行、アフラック、ベネッセ

２０２１年現在、デジタルという冠をつけた組織をつくることは、大企業のほとんどで見られる事象となっている。多くの企業はデジタル変革に足を踏み出す際、まずはデジタルに関する専門組織を立ち上げるところから始めるからだ。

一方で、先進企業の中には、独立部門として立ち上げ、拡充してきたデジタル組織を、他部門と融合させる動きが出てきている。三菱ＵＦＪ銀行、アフラック、ベネッセはそのような動きをしている企業の代表例だ。

三菱ＵＦＪ銀行は、２０２１年4月、デジタルサービス事業本部を発足させた。デジタル企画部とマスリテール・マス法人関連部門を統合した新事業本部だ。統合の対象は商品・サービス、マーケティング、店舗戦略、事務、コールセンターなど、マスセグメント事業に関わる広範な業務にわたる。これによりデジタルサービス事業本部は、マスセグメントに関する顧客責任と収益責任、それに加えて全行的なデジタル変革の推進の両方を担う稀有な組

織へと生まれ変わった。

三菱ＵＦＪ銀行がデジタル組織と事業部門の融合を進める一方で、アフラックとベネッセは異なる切り口でデジタル組織と他部門の融合を図っている。

アフラックは２０２１年１月、二見通氏がチーフ・デジタル・インフォメーション・オフィサー（以下、ＣＤＩＯ）に就任し、デジタル組織とＩＴ組織をともに管掌する体制へ移行した。また、その前々年の２０１９年にアジャイル推進室を設立し、従来の機能別組織をクロスファンクショナルな機能横断型のアジャイル組織へ発展させ、新たな働き方による変革を推進している。アジャイル型の働き方の中で組成される機能横断型のチームが、組織慣性を転換するためのもう一つの舞台となっている。

ベネッセも２０２１年４月、デジタルイノベーションパートナーズという新組織を編成。デジタルとＩＴに関する経験・知見の多い人材を新組織に集結させ、人的資源の再配分を図っている。例えば、ＤＸコンサルティング室をつくり、そこに集めた人材が各事業の現場を支援するなどだ。教育や介護などビジネスモデルが異なる事業を展開しているがゆえ、取り組むデジタル施策の内容、ひいては求められる人材要件も異なる。そのような縦割りになりがちな状況の中、デジタル・ＩＴ人材の最適配置を図ることが新組織の狙いの一つだ。デジタル組織とＩＴ組織を、ＣＤＯの橋本英知氏の下に一元化させたことは、ベネッセがデジタル変革の新たなステージに入った証左でもある。

三菱UFJ銀行、アフラック、ベネッセ。どれもデジタル変革の新たな推進体制の萌芽と言えるが、このような動きはどの程度の広がりを見せているのだろうか。

実際、何割の企業でデジタル組織と他部門の融合が起きているのか

ベイカレント・コンサルティングでは2021年3月、大企業のデジタル変革推進者1200名に対してアンケートを行い、デジタル組織についても235名から回答を得た。デジタル組織の発展過程を「立ち上げ」「拡充」「他部門融合」の3フェーズとした場合、他部門融合に至っている割合は1割というのがアンケートの結果だ（図表5－1）。1割という数字は少なく感じるかもしれない。しかし一方で、見逃せない大きさの数字でもあり、先に紹介した先進3社の組織再編が決して例外的な話ではないことを証明しているとも言える。

なお、ここでいう「立ち上げ」とは、デジタル変革の企画・推進部門として、独立したデジタル組織を立ち上げるフェーズを指す。早期の成功が望めるデジタル施策に注力し、局所的な成果を上げることを狙う。

図表5-1　デジタル組織の発展過程ごとの企業割合

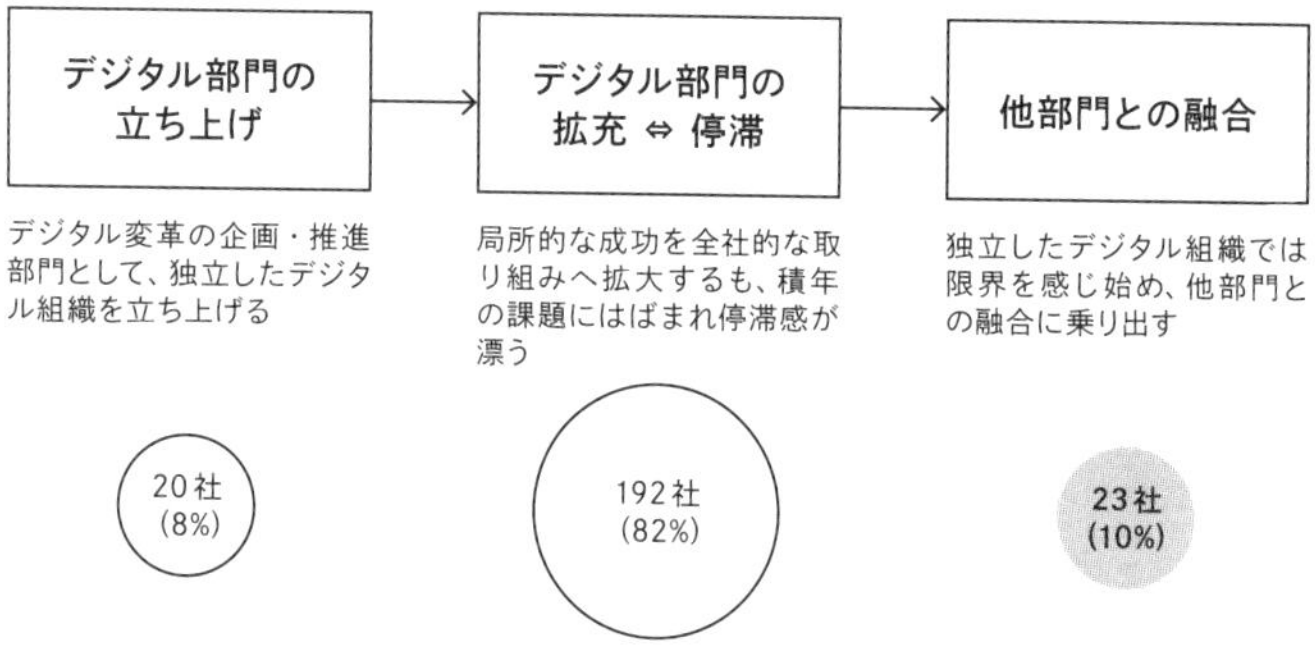
デジタル部門の
立ち上げ
デジタル部門の
拡充 ⇔ 停滞
他部門との融合
デジタル変革の企画・推進部門として、独立したデジタル組織を立ち上げる
局所的な成功を全社的な取り組みへ拡大するも、積年の課題にはばまれ停滞感が漂う
独立したデジタル組織では限界を感じ始め、他部門との融合に乗り出す
20社
(8%)
192社
(82%)
23社
(10%)

出所：ベイカレント・コンサルティングによる大企業デジタル変革推進者向けサーベイ（n=235）

続く「拡充」は、局所的な成功を全社的な取り組みへと拡大するフェーズである。当然、デジタル組織は拡充されるが、一方で積年の課題にはばまれ、停滞感が漂いがちな時期でもある。そして、「他部門融合」では積年の課題と格闘するものの、独立したデジタル組織では限界を感じ始め、他部門との融合に乗り出すフェーズだ。

デジタル組織を他部門と融合させるこの動きは、戦略論から見て、理に適った試みと言えるのだろうか。我々は、組織の進化理論、特に「組織ルーティン」の概念に照らせば、少なくとも三菱ＵＦＪ銀行、アフラック、ベネッセの3社は合理的な選択をしたと見立てている。

先進3社の組織再編の合理性を理解していただくために、ここからはその組織ルーティンのエッセンスに触れていこう。

3 組織ルーティンの概念で組織再編の合理性を読み解く

組織ルーティンとは

組織ルーティンの概念は、2つの問いへの答えを提供してくれる。1つは、デジタル変革を進めていくと立ちはだかる積年の課題は、なぜ「積年」なのかという問い。もう1つは、その打開策として、組織融合は有効か否かという問いである。

組織ルーティンは、進化経済学者のリチャード・ネルソンとシドニー・ウィンターによる組織の進化理論の中で提唱され、その後、様々な人たちがその発展を試みている概念である。今回はネルソンとウィンターの組織の進化理論に基づいて、エッセンスを整理してみたい。まずは、定義である。

組織ルーティンの定義

・組織全体における反復的な行動様式。
・その様式は、新たな事象や条件の変化により変更される可能性がある。

組織ルーティンの概念は巨大な組織を対象としているが、はじめにこのように定義したうえで、論を進めたい。

組織には、特有の反復的な行動様式がある

組織は行動を通じて組織的記憶を蓄積し、「選択」「調整」「モニタリング」「適応」というプロセスを経て、反復的な行動様式を形成していく。組織的記憶は、組織を構成する個々の組織メンバーの記憶の中に、そして、情報システムやマニュアルなどの形式知化されたものの中に存在する。

この組織的記憶は、同じ業界、同じ規模の企業だとしても、決して同じものにはならない。行動を通じて蓄積されていくものである以上、それは企業がたどる歴史（経路）によって変

化する。ゆえに、組織ルーティンは各組織特有の、経路依存性を持つものとなる。

例えば、商品を生産する組織ルーティンを考えてみよう。企業が生産上の課題を解決するために、新たな生産設備を導入する必要があったとする。その際、その企業特有の評価観点から生産設備を「選択」し、工場内に設置する。次に、設置した生産設備を、企業特有の要件を満たすよう「調整」する。それから、機械工を雇用し、企業として定めたオペレーションに慣れさせる。一方、監督者は作業プロセスを「モニタリング」する。作業が遅い機械工を特定し、指導を通じて定めたオペレーションに「適応」させる。このように、仮に同じ業界、同じ規模の企業の生産活動であったとしても、「選択」「調整」「モニタリング」「適応」というプロセスを経て、異なる組織ルーティンが形づくられるのである。

組織ルーティンが秘めている可能性

組織ルーティンは、その言葉から変わらないイメージを持たれるが、例外的な事象が発生したときに、進化する可能性を秘めている。

例えば、生産設備のメンテナンスにおける組織ルーティンの場合で考えてみたい。とある生産ラインのリーダーが、設備が適切に動作していないことに気付く→リーダーは組織ルーティンとして修理部門に連絡し、修理部門から修理工が派遣される↓修理工は問題を特定する訓練を受けているため、設備の症状から問題を見つけ出す↓部品を交換して、設備を再稼働させる。

ここまでがルーティン化された行動である。だが、例外的な状況が発生すると、組織ルーティンは進化を遂げる。修理工が直面したのが、未知の症状だったとしよう。問題を解決することができたものの、発見・修理に非常に長い時間を要し、その間生産ラインがストップしてしまった。損害は甚大だ。このとき、とある発想に至る。「設備が故障する前に、故障の予兆を発見できていたら……」。このような経験が組織的記憶として積み上がり、あるタイミングで故障予知というまったく異なる行動へとつながる。

組織ルーティンとは反復するだけのものではなく、ある事象を機に変化を遂げる、そのような可能性を秘めているのである。

組織ルーティンがもたらす負の側面

進化の「可能性」を内包する組織ルーティン。しかし、放置しておくとその可能性はほとんどの場合発揮されず、往々にして変革の阻害要因となる。それは、組織ルーティンが持つ

〝慣性〟という性質によるものだ。慣性とは、現在の運動状態を続けようとする性質を指す。誤解のないように申し上げておくと、組織慣性がいつも悪く働くということではない。むしろ、良い効果をもたらしてくれるときもある。同水準の結果を高い確率で達成することを望むならば、慣性を持つ組織ルーティンの安定性は非常にありがたい性質であると言える。

ところが、変革を図りたいときは、組織慣性は一転して病原となる。長年にわたって積み重ねられてきた組織的記憶は、思考・行動様式として組織メンバーの記憶をはじめ、あらゆるものにこびりついており、そのままでは新しい組織ルーティンに進化しがたいからである。

これが本節の冒頭で述べた、立ちはだかる積年の課題は、なぜ「積年」なのかという問いへの答えだ。そして、問いはもう一つある。このこびりついた組織的記憶を刷新するために、最も有効な手段とは何なのだろうか。組織融合はそれに該当するのだろうか。

異なるルーティンを持つ組織の融合が、組織慣性を打破する最初の一手

結論から述べると、組織融合は、組織慣性を打破するうえで有効である。ただし、有効であるためには、ある前提が満たされ、あるアクションが実行されることが欠かせない。ある前提とは、融合する組織が異なるルーティンを有していること。あるアクションとは、組織

図表5-2　組織ルーティンの“新結合”のイメージ

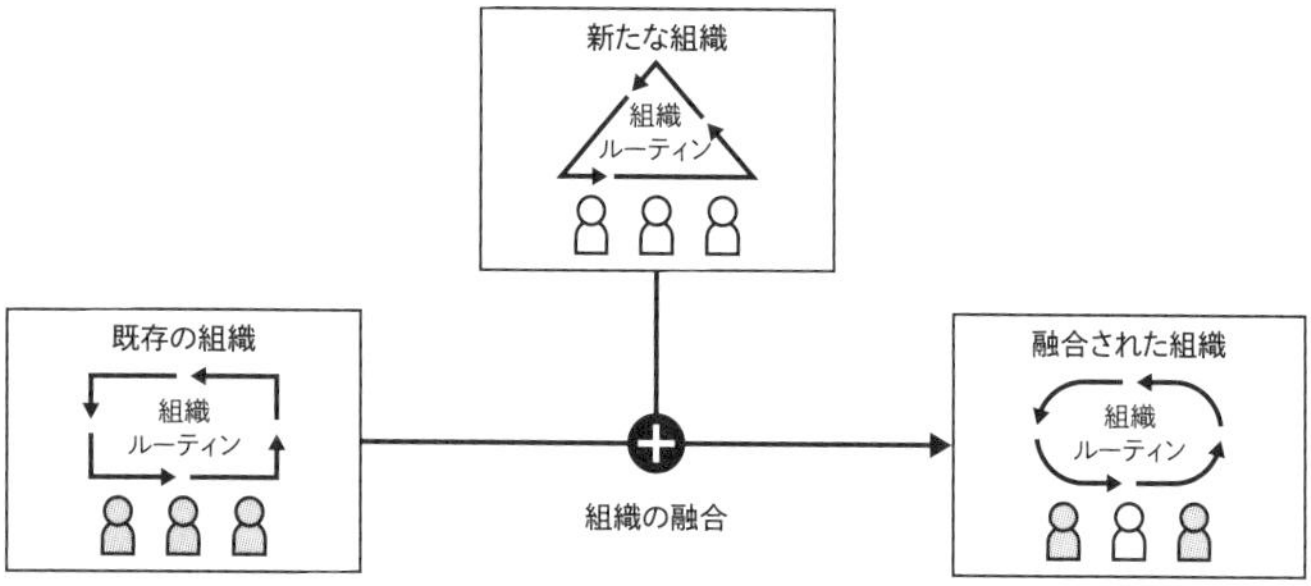

組織ルーティンの慣性
▶組織の思考・行動様式は、メンバーの記憶をはじめ、あらゆるものにこびりつき、変革を図る際の阻害要因となる

組織ルーティンの新結合
▶異なる組織ルーティンを持つ個人・グループの融合が、新たな組織ルーティンを生む

融合後、各機能を担う人材をシャッフルすることである。

異なる組織ルーティンを有する個人もしくはグループが、融合後の組織内でまざり合うと、新たな思考・行動様式のもとでそれぞれの機能が動き出す。新たな思考・行動を通じて、組織的記憶の上塗りや入れ替えが起こり、組織ルーティンが進化する。組織ルーティンの〝新結合〟が起こるからである（図表5―2）。

経済学者のヨーゼフ・シュンペーターは、イノベーションとは新結合であると述べた。イノベーションは、それ以前に存在していたもの同士の再結合から成り立っているという考え方だ。その新結合が、組織ルーティンの文脈で起こるのである。

新しく生まれる組織ルーティンは、既存のルーティンとまったく異なるものかもしれない。ある

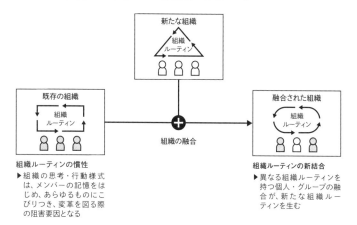

いは、長年にわたって培ってきたルーティンを補完する役割を担うことになるのかもしれない。いずれにせよ、新しいルーティンが、組織を新たな方向へ向かわせることは間違いないだろう。

先進3社の組織再編は合理的か

組織ルーティンのエッセンスを理解できたところで、先進3社の組織再編を読み解いてみよう。

三菱ＵＦＪ銀行のデジタル企画部は、これまでの組織とは異なる思考・行動様式のもと、全行的なデジタル変革を推進してきた。デジタル企画部を既存組織とは独立させることで、別の組織ルーティンを形づくったのである。

一方、三菱ＵＦＪ銀行の柱の一つであるマスセグメント事業は、デジタル技術による大きな変革を必要としている。顧客のデジタルチャネル重視、商品・サービスニーズの多様化が急速に進む中、決済や融資、資産運用などの分野において新たな競合による侵食も進んでいるのが現状だ。デジタル技術を活用したビジネスモデルの転換、すなわちＤＸが求められて

図表5-3　三菱UFJ銀行における組織ルーティンの“新結合”イメージ

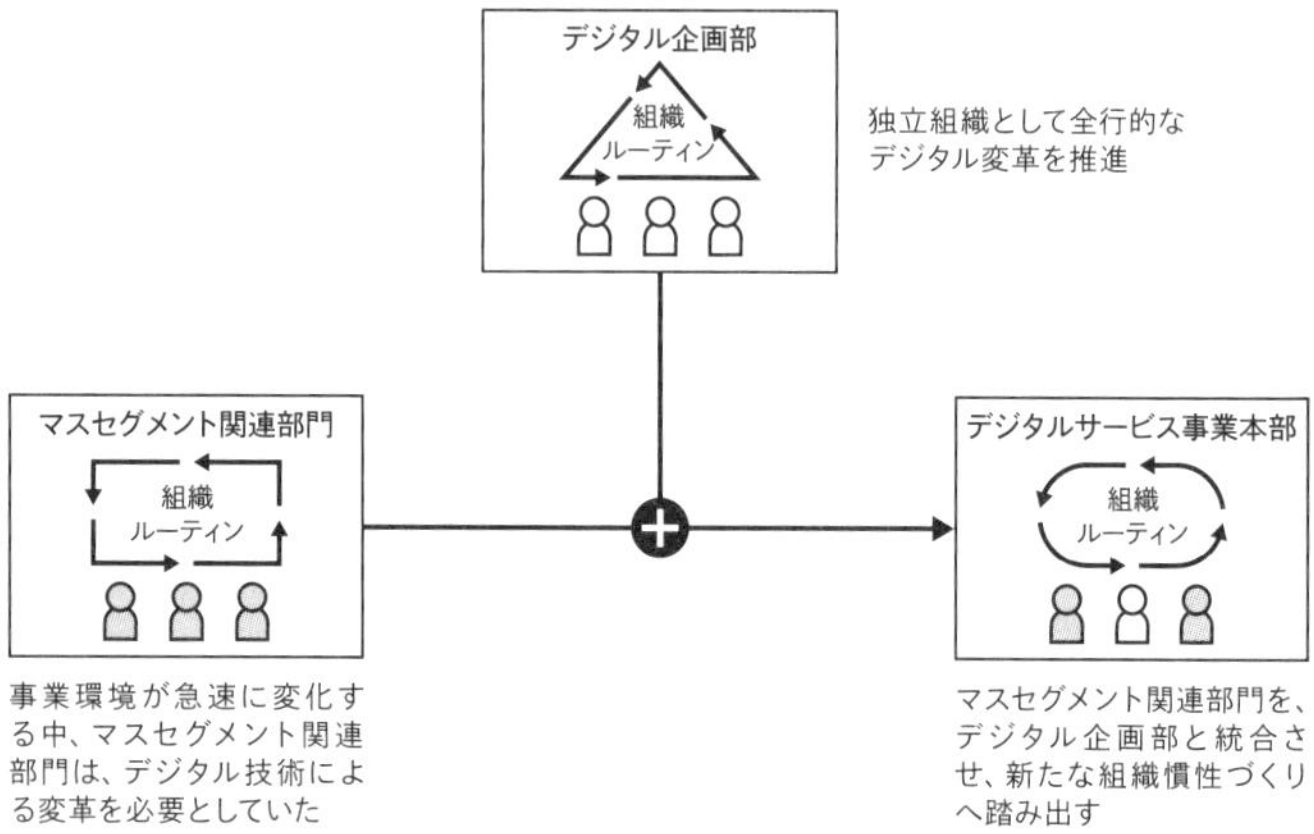

デジタル企画部
組織
ルーティン
独立組織として全行的な
デジタル変革を推進
マスセグメント関連部門
組織
ルーティン
デジタルサービス事業本部
組織
ルーティン
事業環境が急速に変化する中、マスセグメント関連部門は、デジタル技術による変革を必要としていた
マスセグメント関連部門を、デジタル企画部と統合させ、新たな組織慣性づくりへ踏み出す

いるのである。しかし、ＤＸのスピードは、おそらく経営陣の満足いくものではなかったはずだ。組織の慣性が、必ず邪魔をするからである。

　ここに、デジタルサービス事業本部新設の一つの意義を読み取ることができる。ＤＸを目指す以上、既存のマスセグメント関連部門が有する組織慣性は必ず転換を必要とするはずだ。それを実現するため、デジタル企画部と既存部門の組織ルーティンの新結合を図ったわけである。もちろん、他の狙いも多々あるはずだが、組織慣性の打破がその一つであることは間違いないだろう。

　組織慣性の打破は、デジタル変革を行ううえで不可欠の要素だ。三菱ＵＦＪ銀行の選択は、理に適っているのである（図表５－３）。

　アフラックはどうだろうか。

アフラックも2018年にデジタルイノベーション推進部を発足させ、UX・データアナリティクスの孵化器としてきた。また、アジャイル推進室を設立し、アジャイル型の働き方を全社的に推進していくための礎を築いた。この2つの組織によって、UX・データアナリティクスの組織ルーティンと、アジャイルの組織ルーティンが新たに形成されたのである。

その後、アジャイルを全社的な働き方へと発展させつつ、60を超える機能横断型のアジャイルチームを組成。各チームは、アジャイル推進室の支援を受けながらアジャイルルーティンでのチーム運営を推進している。アジャイルチームでの活動を通じ、既存部門からの参画メンバーに新たな組織的記憶が埋め込まれる。そして、そこで身に付けたアジャイルルーティンを既存部門へ持ち帰らせる。そんなサイクルを回しながら、幅広い部門で組織ルーティンの新結合を活性化させているのである（図表5－4）。

一方で、UX・データアナリティクスルーティンを有するデジタルイノベーション推進部は、CDIOである二見氏の傘下に入った。アフラックが取り組むデジタル変革モードは、顧客接点のデジタル化や、データを活用した業務の効率化などDIが多い。これらDIの取り組みには、UXやデータアナリティクスのスキルを用いたシステム開発が不可欠である。そのため、IT組織に新たなルーティンを埋め込んで進化を図るのが効果的なのだ。

アフラックの組織変革も、組織ルーティンの概念に照らして、極めて合理的なのである。

図表5-4　アフラックのアジャイルチームにおける組織ルーティンの“新結合”イメージ

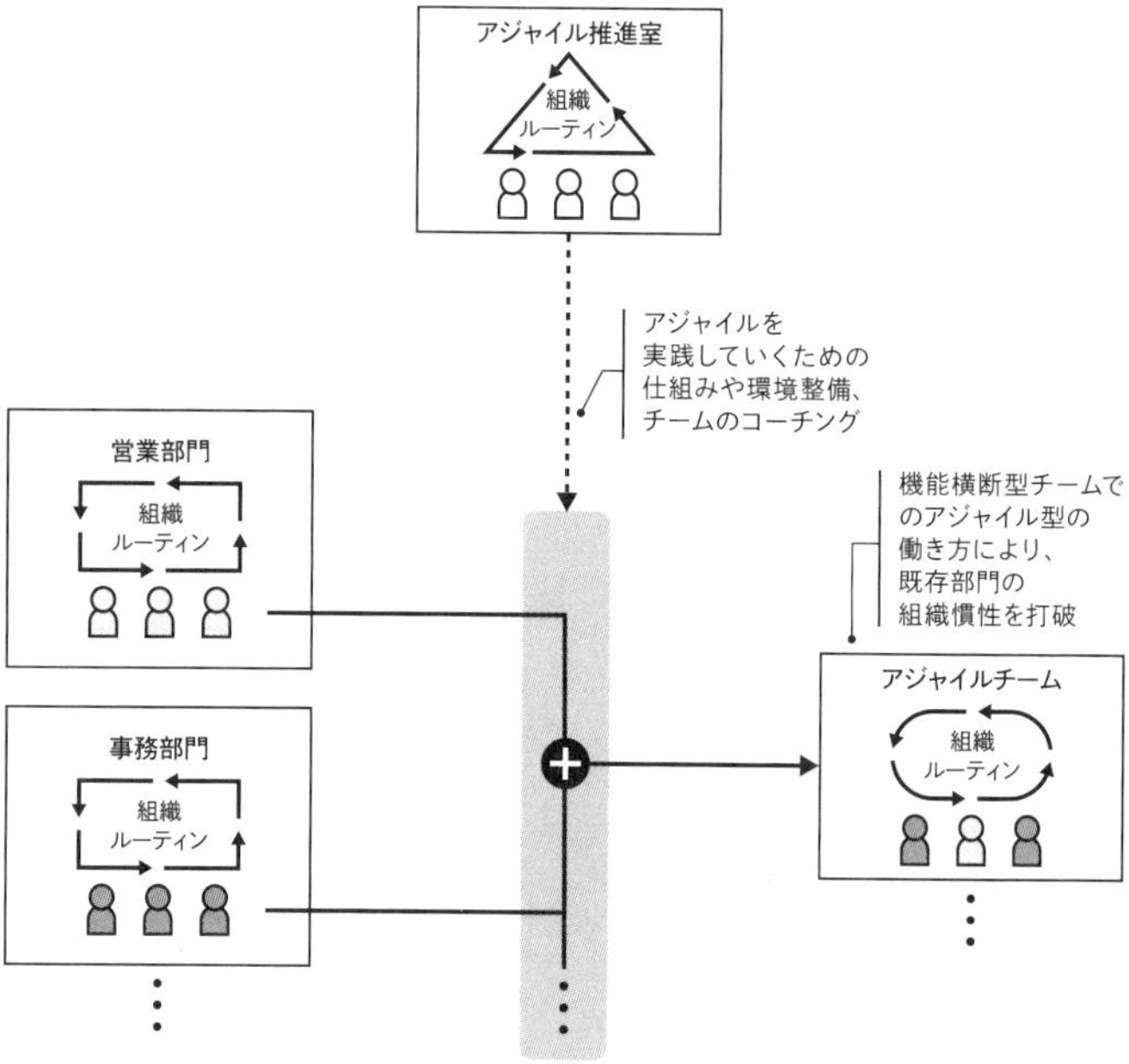
アジャイル推進室
組織
ルーティン
アジャイルを
実践していくための
仕組みや環境整備、
チームのコーチング
営業部門
組織
ルーティン
事務部門
組織
ルーティン
機能横断型チームで
のアジャイル型の
働き方により、
既存部門の
組織慣性を打破
アジャイルチーム
組織
ルーティン

ベネッセも、組織ルーティンの概念で考察してみよう。

ベネッセの組織再編の目玉は、社内に散るデジタル人材とIT人材を結集させたデジタルイノベーションパートナーズという新組織の立ち上げだ。これは2つの点で理に適った組織再編である。

1点目は、組織ルーティンの新結合による組織慣性の打破という観点だ。新組織に人材を集結させ再配置することを通じ、各部門の組織ルーティンに染まっている人材を適宜入れ替える。組織メンバーを入れ替えることで、別の組織のルーティンを導入するのだ。組織ルーティンの新結合により、デジタル変革はこれまでとは違ったチャレンジへ踏み出すはずだ。

2点目は、ベネッセのデジタル変革モードに沿った組織再編である点だ。ベネッセは教育事業において、顧客が自身にとって利便性の高いサービスを自ら選択できるようにすることに徹底的にこだわっている。その方針に従い、ベネッセのデジタル変革モードは、オフライン学習とオンライン学習を融合したブレンディッド学習など、現在はＤＩ中心である。ＤＩを推し進めるのであれば、ビジネスおよびそれと密に結び付くＩＴのアーキテクチャの再構築は必須であるため、デジタル組織とＩＴ組織の融合は効果的であり、デジタルイノベーションパートナーズとしての組織統合は合理的な選択と言える（図表５－５）。

以上、３社の考察から、組織ルーティンの新結合を促す組織融合の有効性はご理解いただけたことと思う。

そして、組織の進化理論、その中の組織ルーティンの概念が、デジタル組織が他部門と融合していくというデジタル組織の将来像を描き出してくれた。ＤＩ／ＤＸというデジタル変革モードや、対象組織が苦しむ組織慣性の所在によって、融合先の部門は変われども組織

図表5-5　ベネッセにおける組織ルーティンの“新結合”イメージ

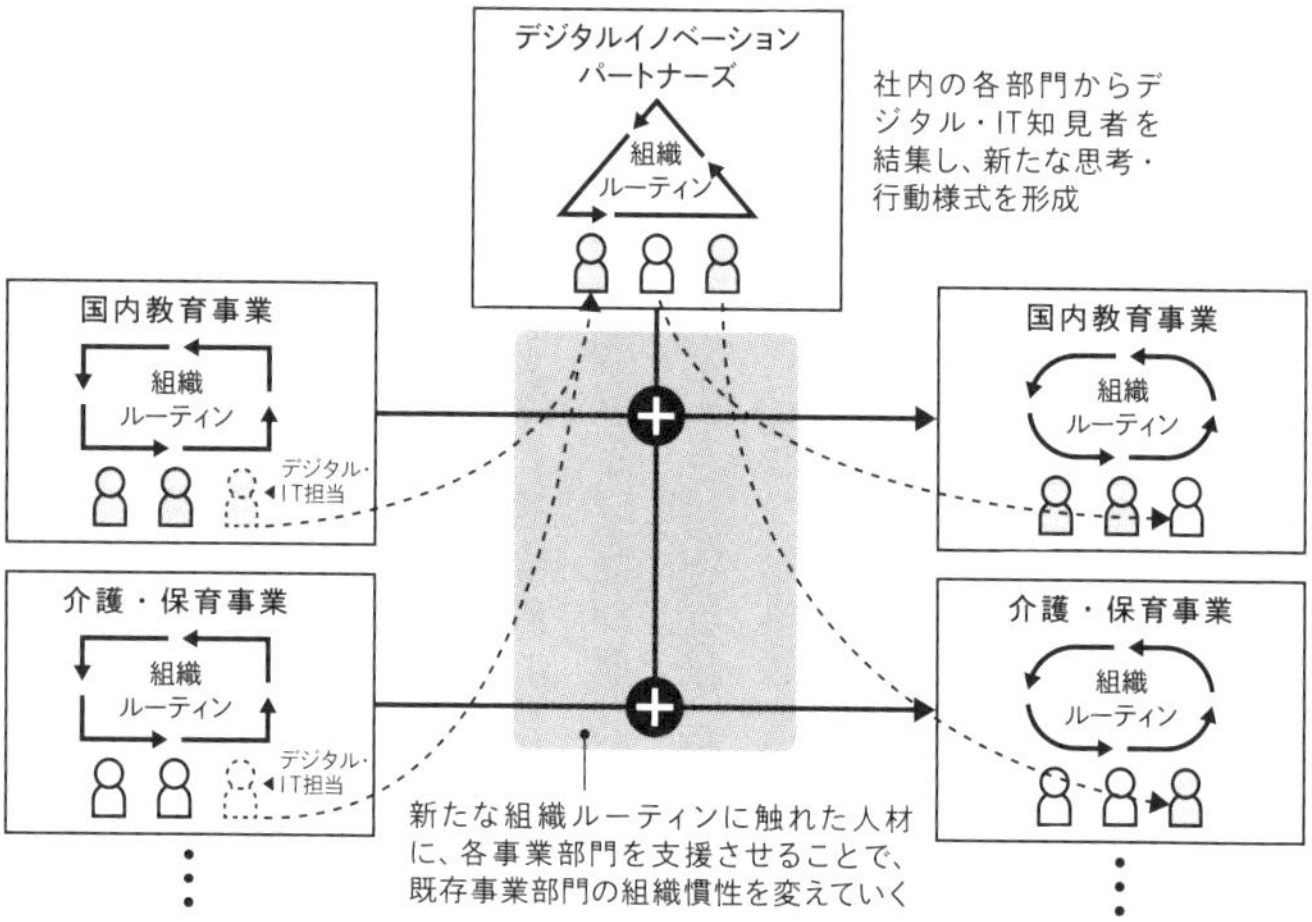

融合という手法は今後、多くの企業において確実に進められていくだろう。

しかし一方で、こんな疑問も湧く。組織融合するだけで、本当に事足りるのだろうか。

答えは、否である。確かに組織融合によって、組織慣性はその方向を変えるきっかけを得るだろう。しかし、放っておけば間違った方向へと進んでしまう危険性は高い。妥当な方向へ、確度高く方向転換させる術が必要なのだ。

次節からは、その術を探っていくこととする。

4 組織慣性を妥当な方向へ転換させる「道標と3つの力」

組織慣性の方向転換フレームワークの全体像

組織慣性の方向転換の成功確度を上げる術とは何か。組織慣性については様々な文脈のもとで研究が重ねられているが、理論やフレームワークとして一般化しているものはまだないように思われる。少なくとも、デジタル変革の最前線で苦闘しているクライアントおよび我々は、そのような理論やフレームワークにまだ出会えていない。ゆえに我々は、2つの組織心理学に基づくフレームワークで、組織慣性を狙った方向へ転換させることに挑んでいる。

それが、「道標と3つの力」である（図表5-6）。このフレームワークはデジタル変革の現場で試行錯誤する中で見いだし、それを2つの理論で検証したものであり、実用性を備えていると自負している。本フレームワークの全体像について概説したい。

まずは、「道標」だ。方向転換を図る以上、新たに目指す方向が示されている必要がある。道標は「理念」と「ストーリー」で構成され、組織心理学のセンスメイキング理論を拠り所

図表5-6　組織慣性の方向転換フレームワーク：道標と3つの力

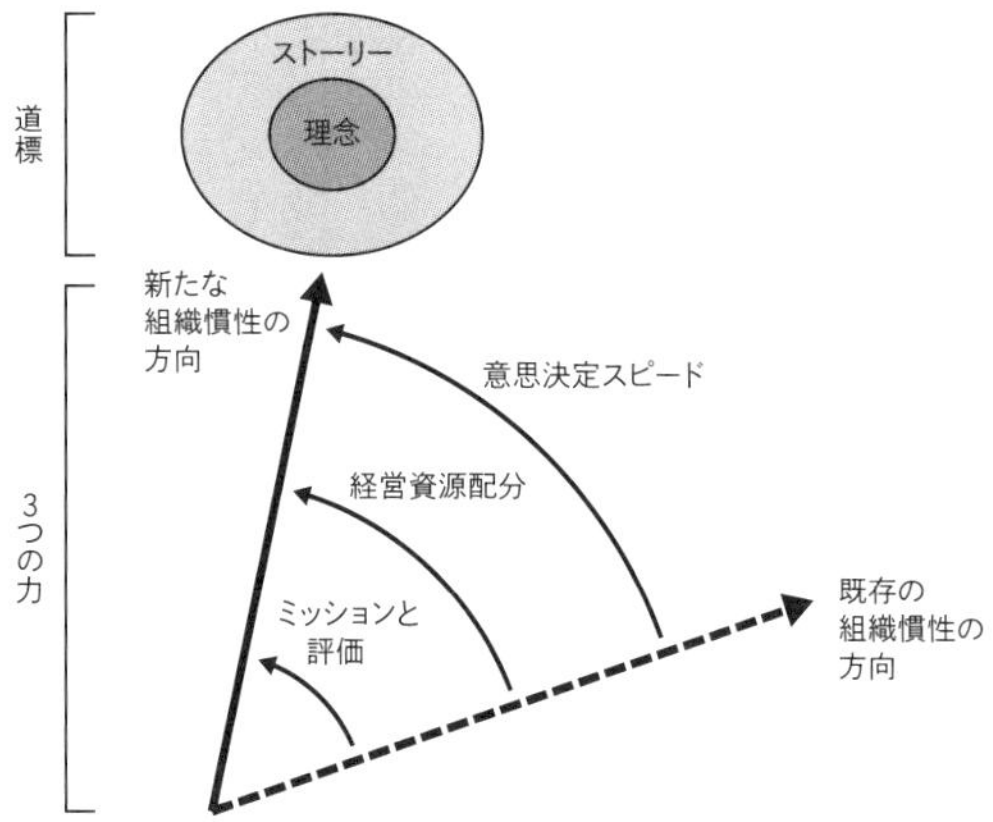

としている（センスメイキング理論については後述する）。

〈理念〉

◉こうあるべきだという根本の考え、経営者の意思。

〈ストーリー〉

◉理念とその意味合いを解きほぐし、組織メンバーが理解できる言葉と論理展開で、経営者が語りかける内容。

次に「3つの力」である。組織融合によって変わっていく組織慣性を、3つの力によって道標へ向かって方向付ける。3つの力は「ミッションと評価」「経営資源配分」「意思決定スピード」で構成され、エドガー・H・シャインの組織心理学を拠り所としている（シャインの組織心理学については後述する）。

〈ミッションと評価〉

◉ミッションとは、各部門ひいては各社員に課された使命のこと。
◉原則として、ミッションを成し遂げれば評価され、褒賞と地位が与えられる。
◉ゆえに、ミッションを道標に合致させ、評価をミッションと連動させることが肝要である。

〈経営資源配分〉

◉文字通り、経営資源を何にどれだけ割り当てるかということ。
◉経営者の意思をダイレクトに反映したものであり、社員への強烈なメッセージとなる。

〈意思決定スピード〉

◉こちらも文字通り、意思決定の速さ。
◉組織融合後の新たな慣性は、モタモタしていると思わぬ方向へ形づくられてしまう。
◉新たな慣性が固まる前に、道標に向かってどんどん物事を決め、進めていくことが不可欠。

この「道標と3つの力」は、各要素が相互作用しながら組織の慣性を新たな方向へ誘っていくものであり、どの要素も欠けてはならない。各要素は現場における試行錯誤の中から、これはと思うものを抽出したものだが、前述したように組織心理学の理論にも支えられている。ここからは、それら理論の概要と各要素をいかに導き出したかをお伝えしたい。

センスメイキング理論が示す道標の必要性

センスメイキング理論とは、「組織のメンバーやステークホルダーが、新たな事象の意味について納得し、それを集約させるプロセスを捉える理論」である。難しい定義ではあるが、組織の慣性が変わりつつあるとき、新たに向かう方向がどのように決まっていくのかに示唆を与えてくれるものである。

センスメイキングのプロセスは大きく①情報の感知、②解釈・意味付け、③行動に分けられ、新たな組織慣性が向かう方向に大きな影響を与えるのが、解釈・意味付けの部分だ（図表5－7）。

ここでは「多義性」が重要なキーワードとなる。人は同じ環境でも感知した周囲の環境をどう解釈するかで、感じる意味合いは人によって異なってくる。このような多義性は、今ま

図表5-7　センスメイキングのプロセス

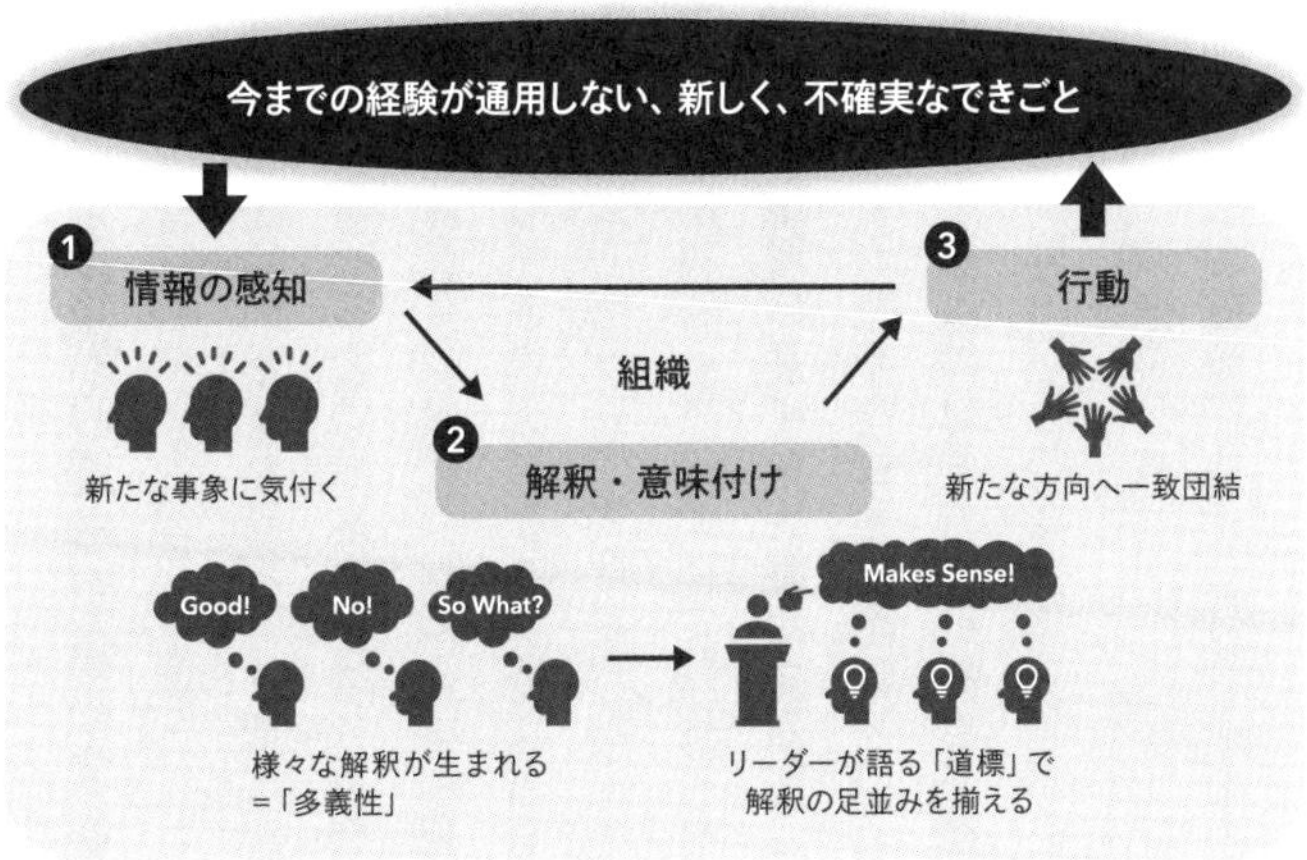

での経験が通用しないときに顕著になる。デジタル技術による大きな変革の渦中にある現在は、なおさらその傾向が強まらざるをえない。

多義的な状況下では、「今、何が起きているのか」「問題の理由はどこにあるのか」「我々は何をなすべきか」などについて、絶対的な一つの見解を得ることは不可能である。重要なのはその多義性の中で、どれだけ解釈の足並みを揃えることができるかだ。

そして足並みを揃えるには、結局は経営者がこうあるべきだという意思のもと、現状とやるべきこととの方向性を示し、それに意味を与え、説得性のある言葉で周囲に語りかけることしかないのではないか。まさに「理念」と「ストーリー」が、解釈の足並みを揃える道標となるのである。

シャインの組織心理学が示唆する3つの力

組織心理学の父と言われるエドガー・H・シャイン。シャインは、リーダーが新たな組織文化を定着させるためのメカニズムを整理した。メカニズムは、メインとサブに二分されるが、ここではメインメカニズムにのみ目を向けることとする。サブメカニズムはメインメカニズムと合致する場合にのみ機能するものであり、メインメカニズムを補強するものであるからだ。

〈組織文化定着のメインメカニズム〉

①リーダーが関心を寄せ、測定し、コントロールする対象と行為
②重要な出来事に対するリーダーの反応
③褒賞と地位の配分
④人材登用の実態
⑤経営資源の配分
⑥意識的なロールモデリング、ティーチング、コーチング

図表5-8　シャインの組織文化定着メカニズムと3つの力の関係性

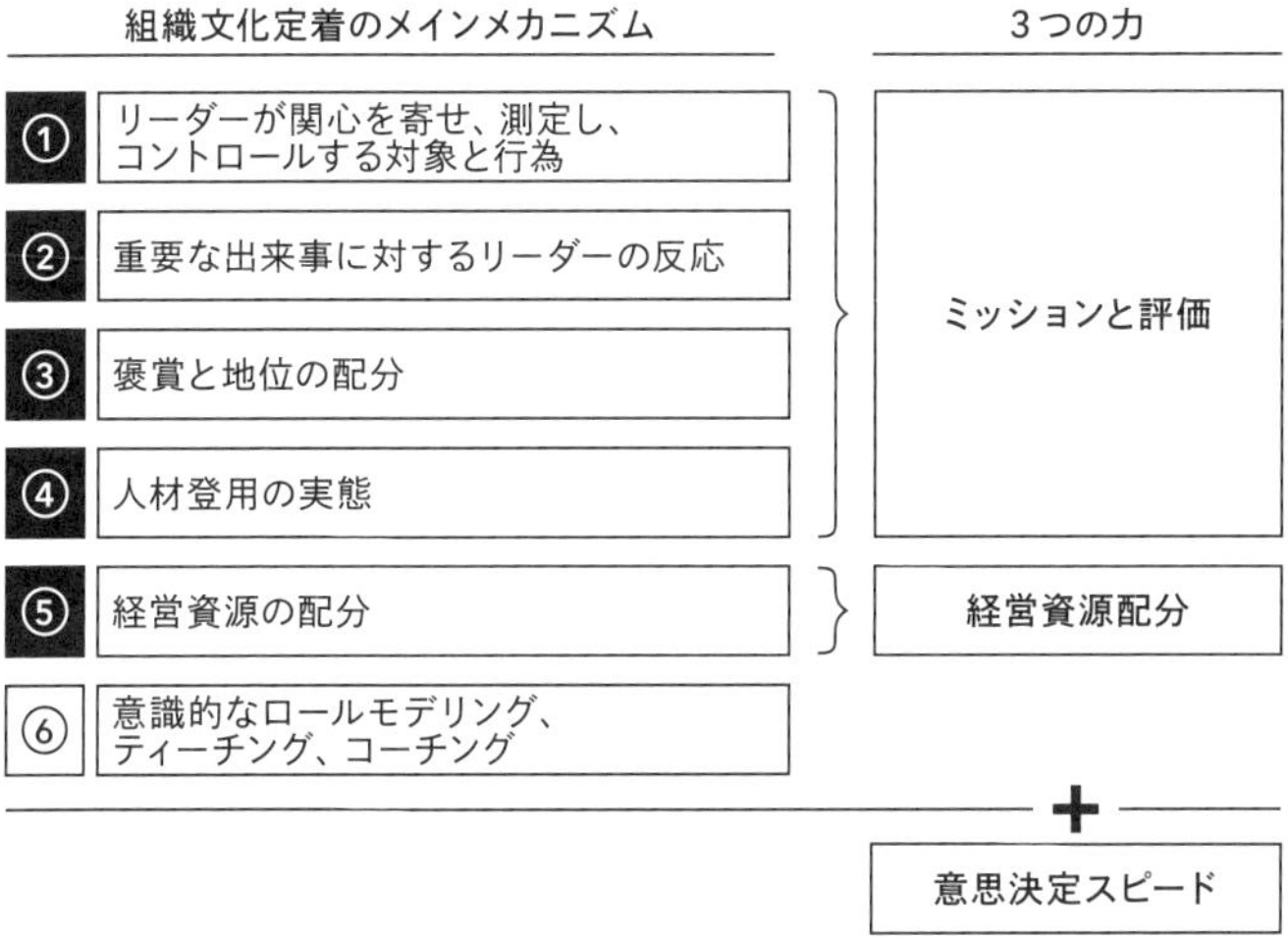
組織文化定着のメインメカニズム
3つの力
① リーダーが関心を寄せ、測定し、コントロールする対象と行為
② 重要な出来事に対するリーダーの反応
③ 褒賞と地位の配分
④ 人材登用の実態
ミッションと評価
⑤ 経営資源の配分
経営資源配分
⑥ 意識的なロールモデリング、ティーチング、コーチング
＋
意思決定スピード

①〜④は言い換えれば、「ミッションと評価」である。①はミッションそのものであり、②はミッションに対してブレない姿勢のことと言える。また、③と④は評価制度の主要要素だ。⑤は、「経営資源配分」が組織慣性への力となるという我々の主張と合致している。「意思決定スピード」に言及はないものの、これが組織慣性への力となることに異論ある方はいないだろう。我々が提唱する「3つの力」は、シャインの組織心理学に裏打ちされたものなのである（図表5－8）。

組織慣性の方向転換フレームワークである「道標と3つの力」の内容と、その理論的背景は以上でご理解いただけたことと思う。次に、その実効性について示していきたい。

実効性の点で言えば、組織変革の先進企業として取り上げたベネッセとアフラックが重要視していることは、「道標と3つの力」に符合していると我々は見ている。両社とも変革の途上にあるものの、肝と捉えている部分はこのフレームワークに沿っているように思われるのである。

続く第5節、第6節では、そのベネッセとアフラックにおける道標と3つの力を追って見ていこう。

5 ベネッセにおける道標と3つの力

道標：デジタル変革の真の目的は「よく生きる」の実現

ベネッセのデジタル変革の根本には、同社が大切にしている理念がある。社名の由来にもなっている「よく生きる」（ラテン語ではbene＝「よく」、esse＝「生きる」）の精神だ。

同社CDOの橋本英知氏は、こう語っている。

「弊社の創業者である福武哲彦は、もともと岡山の教員でした。過疎地に暮らす子どもにも、都市部と変わらぬ質の高い教育を届けたいという思いが、弊社の添削講座の出発点になっています。ですから、今後、どれだけ会員数が増えようとも、一人ひとりの子どもたちを見守りたいという気持ちに変わりありません。現在は大学・社会人教育や介護事業など、事業も多岐にわたっていますが、人生を豊かに自分らしく生きることを支えたい思いは共通しています。しかし、それには従来のやり方では限界があり、テクノロジーの力を借りる必要があります。われわれのDXの真の目的は、次世代の『よく生きる』を実現すること。一歩踏み出して成長したいと思ったときに、そばにいてほしい存在になるために、我々に何ができるのか。さまざまなデータや知見を生かしながら、これからも模索を続けていきたい」

橋本氏は同様の内容を各所で語っており、社内外に向けて「理念」を明確に示すことを重要視している。そのうえで、デジタル変革へとつながる「ストーリー」を社員に伝えることにも注力し、デジタル変革への目標感を与えているのだ。

2020年、ベネッセとしてのDX戦略を社員に発表した。そこでは、2030年に向けてベネッセが目指す姿、顧客と社会への提供価値、それらへのデジタルの生かし方を示しつつ、デジタル変革に取り組む意義や同社なりのデジタル変革アプローチを語っている。

ベネッセが社内にデジタル変革に向かう組織慣性を築くうえで、道標を重視しているのは疑いようがないだろう。

3つの力：デジタルイノベーションパートナーズ立ち上げと同時にすべてを再設計

ベネッセにおける組織融合は、デジタルとITに知見を持つ人材を集結させたデジタルイノベーションパートナーズの設立であることは前に述べた。組織は融合させると壊れやすくなる点に同社は注意しており、組織のボトムの声を聞き、組織の心理的安全性に配慮している。そのような心配りをしながら、新たな組織慣性を道標へと向かわせるために様々な取り組みを進めているのだ。もちろん、3つの力を増すことにもきっちり力を入れている。「ミッションと評価」と「経営資源配分」の観点では、まずデジタル人材の職種とスキルレベルの定義を行ったうえで、各部門に散るデジタル人材の現状を緻密に把握した。そのうえで新組織に所属するメンバーを一旦集結させた後、デジタルシフトプロジェクトやデータ利活用などの8つの重点実行施策に再配置し、ミッションとKPIを再定義している。加えて、新組織が人事権を持ち、KPIの達成状況を人事評価に直結させているのが特徴的な点だ。ベネッセは新組織立ち上げにあたって、新組織が人事権を持って「ミッションと評価」および「経営資源配分」を行うことを非常に重視したという。橋本氏を始めとする経営陣の揺るぎない意志を示した。

そして、「意思決定スピード」の観点。ベネッセはこの「意思決定スピード」に最も力点を置いており、組織のボトムにできるだけ判断させるようにして、そのスピードを担保している。ニーズが多様化し、不確実性の高い今の時代に対応するには、「意思決定スピード」が不可欠だからだ。しかし、単にボトムに任せるだけでは、一人ひとりがバラバラの判断をしてしまう。ボトムの判断を妥当なものに保つには、「理念」が必要だ。何のためにベネッセはあるのか、何のためにこの事業、この仕事をやっているのか。それが合っていれば、ボトムの判断のブレは小さくなる。「理念」や存在意義は、ボトムの力を最大限発揮させるために存在しているとも言えるのだ。

デジタルイノベーションパートナーズという組織融合。そしてここで述べた道標と3つの力のもと、ベネッセのDX戦略は再び熱を帯びている。理に適った取り組みをしているベネッセは、新たな組織ルーティンを創造し、デジタル技術を活用した「よく生きる」の実現へ着実に歩を進めていくことだろう。

6 アフラックにおける道標と3つの力

道標：コアバリューとそれに基づく「DX@Aflac」、アジャイル型の働き方

「当社のあらゆる活動の指針となるものは、創業以来、脈々と受け継がれているコアバリューです」

2020年9月に発表されたデジタルトランスフォーメーション戦略である「DX@Aflac」。その最初のページには、この一文が掲載されている。コアバリューがどれだけ重視されているかがわかる一文である。

ここで言うコアバリューとは、がんに苦しむ人々を経済的苦難から救いたいという「創業の想い」、ステークホルダーに対する約束を果たしていく姿勢を示した「The Aflac Way」、新たな価値の創造やお客様第一などを掲げる「企業理念」、『「生きる」を創る。』という「ブランドプロミス」から構成される。

デジタル変革もこのコアバリューに基づき、5大ステークホルダー（お客様、ビジネスパートナー、社員、株主、社会）に価値を提供するものと位置付けられている。

そのコアバリューに基づくデジタル戦略をかたちにしたものが、「ＤＸ＠Ａｆｌａｃ」だ。「ＤＸ＠Ａｆｌａｃ」は、アフラックにおけるＤＸの定義に始まり、取り巻く環境や具体的な取り組み、および推進体制で構成されている。

まさに「理念」と「ストーリー」で構成された道標と言える。

また、アフラックには、道標がもう一つある。アジャイル型の働き方だ。「ＤＸ＠Ａｆｌａｃ」がＷｈａｔに当たるのだとすれば、アジャイル型の働き方はＨｏｗに当たるものだと言える。

アジャイル型の働き方も非常に重視されているものであり、週1回の社内放送、社内ポータル、社内研修などを使いながら丁寧に落とし込まれている。その結果、２０２０年5月の社内調査では、全社員の8割がアジャイルの目的や原則を理解してくれるまでになっている。

アフラックの事例が示唆するように、組織慣性を狙った方向へ転換させるうえで、道標は間違いなく不可欠の要素なのである。

3つの力：アジャイル特有の制度をつくり、それを既存制度より優先

アフラックにおける組織慣性の転換について改めて整理すると、アフラック内では2種類の転換が進んでいる。アジャイル型の働き方を採用する機能横断型チームを場にした転換と、デジタル組織とIT組織の融合による転換だ。アジャイル型の働き方を全社的にとり入れようとしているアフラックにとって、本丸は機能横断型のアジャイルチームを場にした転換である。

そこでここでは、アジャイル型の働き方へと方向転換させるために、3つの力が有効に働いているかを見ていきたい。

「ミッションと評価」の観点では、アジャイルチームにおいては、はじめに顧客価値にフォーカスしたミッションを定義している。そのうえで、そのチームで達成すべきKPIを明示し、アジャイル型の働き方に対応した新たな評価体系で評価を行う。これによって、道標の方向に頭も体も向けさせるのだ。

「経営資源配分」の観点では、既存の業務や制度にとらわれない大胆な資源配分を行える仕組みを整えた。具体的には、必要なアジャイルチームの組成を、アジャイルの取り組みに特

化した経営会議で判断している。

結果として、2021年6月時点で60を超えるアジャイルチームが立ち上がり、参画する社員は約540人へ。全社員（約5100人）の約1割を、アジャイルチームへ配属した格好だ。やると決めたことへ経営資源をやや強引にでも配分するこの制度には、アジャイル型の働き方の推進に対する経営陣の並々ならぬ覚悟を感じる。

そして、「意思決定スピード」の観点。意思決定スピードを速めるべく、アジャイルチームのリーダーへの大胆な権限委譲を実施した。数億円規模の決裁権限を与えたのである。加えて、リーダーでは判断しきれない事柄については、アジャイル経営会議で次々と意思決定を行っている。道標へ向かうスピードは格段に向上した。

コアバリュー、およびそれに基づく「DX@Aflac」やアジャイル型の働き方という道標。そして、道標へと背中をぐいぐい押す3つの力。これらによって、アフラックには確実に変化が起きている。今ではデジタル変革に挑んでいる各社から「アフラックの動向をウォッチしている」という声をよく聞くようになった。

アフラックの取り組みから、今後も目が離せない。

第5章のまとめ

●本章では、組織戦略レイヤーにおける戦略論とDXの交点として、組織の進化理論、特に組織ルーティンの概念に基づいて、デジタル組織が今後どのような姿へ向かっていくか、そしてその成功確度を高めるにはどうすればよいかを考察した。

●組織ルーティンとは、組織全体における反復的な行動様式のことを指す。

●組織ルーティンは、反復的とはいえ変化しないわけではないが、〝慣性〟が働くという性質を持っている。この慣性は、放置しておくと往々にして変革の阻害要因となる。

●組織慣性を打破するには、別のルーティンを持つ組織同士の融合が有効。ただし、組織融合後、各機能を担う人材をシャッフルすることが条件となる。

●デジタル変革に取り組む企業の多くで、積年の課題にはばまれ、デジタル組織だけではそれを乗り越えられない事象が散見され始めている。その裏には、既存部門が有する組織慣性の問題が必ずある。

●打破したい組織慣性を有する部門とデジタル組織をうまく融合させれば、積年の課題を乗り越えるきっかけをつくれるはずだ。

●しかし、組織融合だけではまだ事足りない。組織融合で変わるきっかけを得た組織慣性を、妥当な方向へ、確度高く方向転換させる術が必要になる。
●それが、「道標と3つの力」だ。
●道標は「理念」と「ストーリー」で構成される。
●3つの力とは「ミッションと評価」「経営資源配分」「意思決定スピード」という、道標へ頭と体が向くよう押す力のことだ。
●「組織は戦略に従う」という言葉がある。戦略の進化に合わせて、それを支える組織も進化させねばならない。組織ルーティンの概念に基づく組織融合と、その成功確度を上げる「道標と3つの力」は、戦略に従う新たな組織像を描く一助に必ずなる。

この後には、アフラック 取締役上席常務執行役員 CDIO 二見氏との対談が続く。

この対談は、他章に飛ばず連続して読んでいただきたい。本章でここまで述べてきた組織慣性を巡る考察の一歩先を行く示唆が詰まっているからだ。経営者の視座で組織慣性をどう捉え、それをどう打破しようとしているか。そのお話からは、多くの気付きが得られるだろう。

特別対談

アフラック生命保険株式会社
取締役 上席常務執行役員 CDIO
二見 通

×

株式会社ベイカレント・
コンサルティング
則武譲二 田中正吾

プリンシプルベースでアジャイルな働き方がDXを加速させる

DX戦略「DX@Aflac」の実現に向かってひた走るアフラック生命保険。
推進の原動力となっているのが、アジャイル型の働き方だ。

アジャイル型の働き方とは、システム開発の手法であった
アジャイルの考え方を働き方全般に拡張したもの。
お客様のニーズを満たす最小単位の価値を短期間のサイクルで創出し、
お客様からのフィードバックを得ながら継続的に改善していく。

あらゆる部門のマニュアルを廃止し、働き方をマニュアルベースから
プリンシプル(原理・原則)ベースに変更することで、
アジャイル型の自律的な働き方への転換が加速したという。
社員がDXとアジャイルを語り始めたアフラックの軌跡をたどる。

DXに必要な〝そうぞう力〟を持つ人財をアジャイルで育てる

田中 2020年末、御社は経済産業省が定める「DX認定事業者」の認定を初めて取得した企業2社のうちの1社となられましたが、社員の方たちの反応はいかがでしたか。

二見 当社が「DX認定事業者」に認定されたことは、これまでDXに取り組んできた成果の一つとしてとらえています。またDXの現状などを社外に発信すると、それがブーメランのように戻ってきて、社員のモチベーションと自信につながっています。事業への効果も大きく、協業の声を掛けていただける機会も増えており、今まで考えもしなかった企業との協業につながることがあります。我々から新しい企画を持ち掛けたときも、話がまとまることが早くなりましたね。また、IT部門・デジタル部門の採用活動においては、今年は例年に比べて応募数が約2倍になりました。

則武 御社の組織に大きな変化が起きていると感じます。組織変革については、昔から数多くの理論が語られてきました。我々は改めて今、

ＤＸの最前線で起きている組織変革の動きが、旧来の理論のレンズを通して見るとどう見えるのかを探っています。「アジャイル」というキーワードで働き方まで変える先進的な試みなどを通じてＤＸ巧者の評価を得ている御社ですが、直近ではどのような組織的な変化が見られますか。

二見　全社において、これまでのウォーターフォール型の働き方からアジャイル型の働き方への大きな変革が起こったことが組織的な変化へとつながっています。まず、2019年にアジャイル推進室を設置し、アジャイル型の働き方を全社へ浸透させてきました。現在では、多くのトライブ[*1]、スクワッド[*2]が立ち上がり、新たなお客様サービスや営業支援サービスの創出、また業務改善などに取り組んでいます。これは大きな組織的な変化です。例えば、当社ではこれまで主にＩＴ部門やデジタル部門がリードしてデジタル技術の活用に取り組んできました。それが2020年、ＩＴ部門、デジタル部門だけではなく、全社から必要な部門のメンバーが集まり、アジャイル型の

＊1　スクワッドをシンクロさせて顧客へ価値を提供する組織
＊2　ミッションに基づき自律的に活動するクロスファンクショナルな一つのチーム

働き方で当社のDX戦略である「DX@Aflac」を策定したのです。この結果、社員の意識も大きく変わり、全役職員が一丸となってDXに取り組むようになりました。「AIがここにも使えるのではないか」「営業部門としてはデータをこう活かしたい」など、社員の多くがデジタル技術やデータの活用を語るようになったのです。この全社一丸となる土壌を育み、今後も「DX@Aflac」推進や様々な取り組みの原動力となっているのが、アジャイル型の働き方であり、アジャイル型の組織なのです。

田中　「DX@Aflac」も策定し、デジタルを前提とした戦略、経営に舵を大きく切り、今はその推進の真っただ中かと思います。DXをさらに前に進めるうえで、目下重要視して取り組んでいらっしゃることは何でしょうか。

二見　それは、DX人財の育成です。DXを加速するうえで一つの課題は、DXの取り組みをリードできる人財が不足していることです。デジタル技術を活用し、これからも当社のステークホルダーに新たな価値を提供し続けるためには、戦略を実行するDX人財をより多く育てる必要があります。そのDX人財に求める要件として、私が強く意識しているのは、2つの〝そうぞう力〟です。

1つは、イマジネーションの意味の「想像力」で、デジタル技術によって世の中が今後どう変わっていくのか、自分の仕事がどのように変わっていくべきなのかなど、一人ひとりが自分で想像する力です。未来を想像することによって、今、何をすべきかがわかってくるからです。

もう1つはクリエーションの意味の「創造力」です。想像した世界を実現する力です。課題解決のためには、また新たなサービスを提供するためには、既存の発想や考え方にとらわれず、ある考え方と別の考え方を組み合わせる、またあるものと別のものを組み合わせて、新たな価値を創造することが必要になります。「新たな価値の創造」は、当社の企業理念でもあり、社員の想像力とそれを実際につくり上げていく創造力の2つを磨き上げることでDXを加速し、我々のステークホルダーに新たな価値を提供し続けていきたいと考えています。

二見 通氏 アフラック生命保険株式会社 取締役 上席常務執行役員 CDIO

則武 デジタル技術を活用し、ビジネスモデル自体を変えていける人財の育成が急務という話を多くのクライアントで耳にします。二見さんがおっしゃる「想像力」と「創造力」を備える人財が、まさにそれに当たると感じました。そのような人財をどのように育てていくお考えでしょうか。

二見 まず、正直なところ、DX人財の育成は簡単ではないと認識しています。時間を要する取り組みになるかと思います。魔法のようなものはなく、やはりトレーニングと実践の繰り返しが必要でしょう。現在、トレーニングプログラムの作成中であり、年内にはその実行に取り掛かろうとしています。

また、アジャイル型のトライブ、スクワッドのチーム活動が実践の場としては最適と思っています。システム開発で言えば、旧来のウォーターフォールの感覚が抜けきらず、ユーザーが要件を言ってくれないから開発を始められないなどと言うIT社員がまだいますが、本来はユーザーが考える前に「想像力」を働かせて提案しなければ、IT社員の存在価値はありません。このことは、システム開発にとどまりません。お客様が抱える課題を解決する方法を、「想像力」を働かせて企画し、「創造力」を発揮して実現させるべきです。そうした観点では、アジャイル型の働き方はとても良い実践の場になっています。
アジャイル型のプロジェクトでは、機能横断でチームを編成し、各部門がやりたいことではなく、お客様が求めているものは何か、そのために何をするかに焦点を当てて活動を行うので、ＤＸ人財の育成にもつながると信じています。

則武 トレーニングにはトライ・アンド・エラーが欠かせませんから、頻度高く振り返るアジャイルはマッチしていますね。加えて、「想像力」と「創造力」を育てるには定期的な総括も欠かせないでしょう。デジタル技術の活用で、ビジネスモデルのどの辺りがどこまで変わったのかをしっかりと振り返ることが、ＤＸ人財としてのさらなる成長へつながると思います。

二見 2年、3年かけて全社員の30％をＤＸ人財化しようとしており、今、そのためのプログラムをつくっています。30％は一つの通過点かもしれませんが、なるべく多くの社員が、理想としている2つの〝そうぞう力〟を持って、さらに全社でＤＸを加速していきたいと思います。

プリンシプルベースの働き方がアジャイルを加速させる

武則 アジャイル型の働き方へ至るには、今までの思考と行動の様式を大きく変える必要があります。社員の思考と行動をどのように変えていこうとされていますか。

見二 2020年、あらゆる部門のマニュアルを廃止し、働き方をマニュアルベースからプリンシプル（原理・原則）ベースに変えました。役職員一人ひとりが自分の役割と責任を理解したうえで、自分の考えをしっかりと持って行動してほしいためです。そうでないと、例えばマニュアルに記載がない場合に動けなくなり、機動的な業務運営ができなくなりますから。

ただ、マニュアルがなくなるとどう行動したらいいのか、わからなくなる人もいます。マニュアルベースからプリンシプルベースへの移行は難しく、当社もまだ発展途上です。ただ、思いのほかうまくいっています。

幸いしたのが、当社がこれまで、企業理念やブランドプロミスなどのコアバリューを徹底的に社員に説いてきたことです。一般的に、企業理念を理解し語れる社員はそう多くないと思いますが、アフラックの社員は全員がそれを語ることができます。新入社員にも最初に叩き込みます。

例えば、現在の当社のブランドプロミスは「『生きる』を創る。」で、企業理念は「新たな価値の創造」「お客様第一」「人間尊重」「法令等の遵守」です。

それらが浸透しているからこそ、迷ったときにコアバリューに立ち戻って徹底的に考えることができ、自ずとやるべきことが見えてくる。社員一人ひとりが企業理念、コアバリューを自分事化して実践することが重要なのです。

加えて、当社の「行動倫理憲章」に謳われている行動指針に基づいた行動がアジャイル型の働き方を支えていると思っています。

田中正吾 株式会社ベイカレント・コンサルティング 執行役員

田中　自らの頭を使って考えざるをえない状況に追い込む具体的なアクションとして、マニュアルの廃止は大変興味深く感じました。組織に根付いている思考と行動の様式を変えたいとき、まず必要になるのは、意図した化学反応を起こすことだと思います。

二見 どの部門も最初は皆驚いたはずです。また、そうした行動変容を受け入れることが難しかった人もいるでしょう。ただこうした社員の行動変容も企業変革に必要なことであり、最終的に変化を受け入れられるかどうかが、企業の成長につながってくると思います。

一方で、プリンシプルベースによって社員ができるだけ迷わないように、コミュニケーションは密に行っています。役員や各部門のリーダーが、「自分の考えるプリンシプルベース」を直接伝え、また社内のウェブサイト上で具体的な例を挙げながら情報発信をしています。文章で発信するだけではなく、動画を使ったコミュニケーションも図っています。動画には社長が頻繁に登場しますし、役員や部長、課長、一般社員も登場しますよ。

田中 プリンシプルベースによってアジャイル型の働き方が加速したとのことですが、その過程ではいろいろな課題を乗り越えられてきたことと推察します。これまでのやり方から変えたものの中で、特に大きなインパクトがあったものは何でしょうか。

二見　トライブリード[*3]への大胆な権限委譲ですね。アジャイル型の機能横断チームを率いるトライブリードへは、主に2つの権限を委譲しました。

1つ目は、トライブの意思決定権は、そのトライブのリードに持たせました。トライブリードが決めたことは、役職上の上位者であってもノーが出せません。社内決裁ルールもそのように変えました。ただし、その前提として、トライブリードは、3つの責任（「結果責任」「最善のプロセスを確保する責任」「説明責任」）を果たすことが求められます。

2つ目は、トライブリードの役職に関係なく、数億円規模の決裁権限を与えました。プリンシプルベースの働き方とトライブリードへの権限委譲によって、アジャイルな働き方が目指す機動的な業務運営へと向かっている手応えを感じています。

＊3　トライブのリーダー、トライブにおける価値創出の責任者

デジタル部門とIT部門の融合でDXが加速

則武　デジタル部門を立ち上げ、ＤＸの進展に応じてデジタル部門を拡充していくのがオーソドックスなプロセスです。ただ、取り組みと組織の拡充が一定程度進んだところで、積年の課題が立ちはだかり、停滞が少なからず起こる。我々はそれを乗り越えるには、デジタル部門を切り離しておくより、積年の課題と関連深い部門と融合させたほうがよいのではないかと考えています。御社では、二見さんのもと、ＩＴ部門とデジタル部門の融合を進められているとお見受けしているのですが、そこにはどのような狙いがあったのでしょうか。

二見　現在の一体となった組織の変化は、特別な狙いがあったわけではありません。過去数年、欧米ではＤＸに取り組むためにＣＤＯ（チーフ・デジタル・オフィサー）という役職を設置する企業が増えています。当社でも２０１８年に社外より人財を登用し、デジタル技術を使って何をするかを徹底的にユーザー部門と考えるための組織として、デジタルイノベーション推進部を立ち上げました。これはＤＸへ取り組むためには必然のことでした。

一方、当時、IT部門は従来の技術と新たなデジタル技術を利活用してインフラストラクチャを整備し確実にシステムを安定運用することや、数多くのビジネスアプリケーションを開発することに注力しつつ、デジタルイノベーション推進部と同様の活動も行っていました。そして、それぞれの部門が取り組みを加速させる中で、必然的に重複する取り組みも増え、またお互いを補完する取り組みも増えてきたのです。その結果、よりスピード感を持って、より効率的にDXに取り組むためには、両部門のさらなる密な連携、協業が必要となったのは自然な流れかと思います。現に、グローバルでも同様な形になってきています。

田中　CDOが統括するデジタルとCIOが統括するITが重なり合うようになってきたわけですね。

二見　そうですね。これは実は、当社の社長である古出がCIOとCDOの活動領域を決めつけることなく、取り組みがオーバーラップしてもいいからと自由に活動させてくれたことが、結果的には、現在の組織間の密な連携、または業務遂行の効率化、スピードアップを生み出し、DXのさらなる加速につながっています。それぞれのリーダーが専門性や効率性、結果を追求していくと、自然と密な連携や協業が生まれ、重なり合っていくことは自然な流れであったと思います。

則武　最初は新しいものが出てきたということでデジタル部門が切り出されますが、その新しいことが特別視するものではなくなってきたときが、組織を再編する頃合いだと考えています。お話を伺って、それだけDXの取り組みが御社で進んでおられることの現れのように思いました。

二見　まだDX戦略がなかった時代に、「これからはデジタル変革だ」と社員に対して刺激を与え、一体感を持って新たな取り組みを開始するためには、デジタルイノベーション推進部の立ち上げは大きな効果があったと思っています。現在、それが進化し、デジタルイノベーション推進部門とIT部門の組織的融合がDXをさらに加速させています。

ともかく、デジタル技術はあくまでもツールです。目的ではなく手段ですから、DXを進めたからといって、すぐさま商品が売れるようになることはありません。ただし、今後もデジタル・IT部門はお客様、代理店、社内ユーザーにデジタル技術を利活用してもらうことを徹底的に考え、それを提案し、各ステークホルダーに価値をもたらすという役割は変わらないと思っています。そしてデジタル・IT部門はサポートだけではなく、自らが変革を起こし、結果を生み出すリーダーでなくてはなりません。DXを社内に浸透させるときも開口一番、社員にそのことを伝えました。

また、いつも強調することですが、DXとそれを支える組織変革を推進するには、全役員の覚悟と、失敗を許容する懐の深さが重要だと思っています。全役員の覚悟がないと、少しうまくいかなかっただけでストップがかかってしまう。DXは「我慢と信念の投資」とも言われるように、我慢と失敗を許容する考え方が必要と思っています。今後、時代が大きく変わっていくなかで、変化を受け入れること、これまでの常識に縛られないこと、また我慢と許容はより重要な要素になると思います。

則武譲二　株式会社ベイカレント・コンサルティング 代表取締役社長

profile **二見 通**（ふたみ・とおる）

アフラック生命保険株式会社
取締役上席常務執行役員チーフ・デジタル・インフォメーション・オフィサー（CDIO）
2011年1月までAIGグループ会社でCIO常務執行役員としてシステム部門、オペレーション部門を担当。2011年4月、メットライフ生命保険に入社し、CIO執行役員常務としてシステム開発部門を担当。その後、三井生命保険（現在の大樹生命保険）を経て2015年1月、アフラックに入社。現在、取締役上席常務執行役員CDIOを担う。デジタル技術を駆使した変革や新たなビジネスモデルの構築に取り組んでいる。

総括

経営戦略を推し進めるうえで、思考の拠り所の一つとなっている戦略論。DXが経営のメインテーマとなった今でも、多くの企業において、戦略論とDXのつながりが弱いのではないか。このような問題意識の下、戦略論とDXの4つの交点を探ってきた。

我々が交点を探る中で何を読み解いたのか、それはどのような価値があり、どう使えばよいのか。これらをもう一度ここで振り返ることで、経営戦略に資するDXを進めるうえでの思考の拠り所を総括してみたい。

事業ポートフォリオ論とDXの交点：
結節点とバランスの両眼が、ポートフォリオを強くする

この交点から見いだしたのは、デジタル戦略の方向性とデジタル施策のポートフォリオを構想・点検する視点だ。

まず明らかにしたのは、事業ポートフォリオ戦略とデジタル変革モード（DI or DX）の結節点である。事業ポートフォリオ論で説かれる各事業の位置付けと、その位置付けに応

じてとるべきデジタル変革モードを結び付けた。

そのデジタル変革モードに沿ったデジタル施策へ経営資源を重点投下すれば、デジタル技術が事業ポートフォリオ戦略をより生き生きとしたものに変容させる。

一方で、逆の視点も重要だ。DIを図っている事業、デジタル変革モード側から各事業の位置付けや戦略の方向性を点検する視点である。DIを図っている事業と、DXを図っている事業は、一定程度バランスが取れていたほうが企業としてイノベーションのジレンマに陥る危険性を低減できるため、DIとDXのポートフォリオをマネジメントするという視点も欠かせない。

デジタル変革の視点での両利きの経営を実現するためには、事業レベル・施策レベル双方においてDIとDXのバランスに常に目配りする。それが絶え間ないイノベーションへとつながるのだ。

デジタル変革モードとの結節点と、DI／DXのバランスの両眼が、事業とデジタル施策の2つのポートフォリオを強くするのである。

リソース・ベースト・ビューとDXの交点：
デジタル変革の3ステップ。まず挑むべきは、デジタルインテグレーション

デジタル変革を図るうえで目指すべきは、DI／DXマネジメント。事業ポートフォリ

オとデジタル変革モード、そしてモードを具体化したデジタル施策を、経営環境と経営意思に応じてアップデートし続けている状態である。

リソース・ベースト・ビューとの交点からは、そのDI／DXマネジメントへと至る3ステップを導いた。3ステップは、デジタル変革の地図となりうる活動システムをどう描き、どう磨いていくのかに主眼を置いて定義している。活動システムを描くことで、対象企業のビジネスモデルの鍵となるリソースと、それを活用した活動のつながりが一目瞭然となるからだ。活動システムを地図とし、自社のビジネスにおけるデジタル技術の効かせ所、およびデジタル技術による壊し所を知り、的を射たDIやDXへとつなげていくのである。

有効な活動システムを描く手っ取り早い方法は、一度DIに挑み、その結果の総括まで行ってみることだ。これを「DI（1st）」と名付け、3ステップの第2段階に据えた。

DI／DXマネジメントを、高いレベルで営む段階に到達できている企業は、現段階ではほとんどないと言ってよい。デジタルインテグレーションこそ、日本企業が今目指すべき必達の段階なのである。

ビジネスモデルとDXの交点：

飽くなき急所の追究がデジタルインテグレーションを大きくする

　ここでは、インパクトにつながるDI施策を見定める術を提示した。一見すると、交点を探った結果としてDIカタログと事例というアウトプットを提示したことが眼目であったと感じるかもしれないが、そこが狙いではない。

　もちろん、カタログや事例の有用性は自負している。何らかの事業に携わり、そこでDIを進めようとしたとき、カタログと事例は〝辞書〟となり、進むべき方向を照らすガイドとなるだろう。

　しかし、より重要視しているのは、我々がインパクトにつながると考えるDI施策にどうたどり着いたのかという思考プロセスと切り口を体得していただくことである。ビジネスモデルをどう体系化し、どの収益ドライバーに狙いをつけ、どのようなコンセプトでどのような施策を打つか。これらのプロセスをある程度明確にお伝えできたとすれば、我々にとって本望である。

　ビジネスモデルも収益ドライバーも、そしてそこから見いだされるDI施策も、日々進化を遂げていく。大切なのは、ビジネスモデル体系とそれに紐づくDIカタログを、皆さん自身の手でアップデートし続けることであり、その積み重ねこそがＤＩ施策のスケールとインパクトを大きくするのである。

組織の進化理論とＤＸの交点：
組織慣性の新結合の観点が、デジタル組織の次の姿を描き出す

デジタル組織と言えば、「独立したデジタル部門が必要」。この固定観念を打破することが、組織の進化理論との交点を探った目的の一つである。そしてもう一つの目的は、デジタル変革の取り組みが一定程度進んだ先で論点として浮上するデジタル組織の将来像について、条件付き最適解の導き方を示すことにあった。ここであえて「条件付き」とするのは、最適解は企業・事業を取り巻く状況によって大きく変わってくるからだ。さらに、「組織は戦略に従う」と言われるように、戦略のアップデートにしたがって取り巻く状況、ひいては組織要件は刻々と変化していく。そのような中、どのような状況にあっても耐えうる思考の軸を探し求めたのである。

それが、組織の進化理論、特に組織ルーティンをベースにした組織慣性の方向転換という切り口であった。企業や事業のデジタル戦略の方向性はＤＩなのかＤＸなのか、その推進をどのような組織慣性がはばんでいるのか、それを打ち破るための新しい組織慣性は育ってい

るのか。そして、具体的にどの組織とどの組織のルーティンを融合すればよいのか、融合とは具体的にどのような形態をとるものなのか。組織慣性を軸にこの思考プロセスをたどれば、「今」有効な組織のあり方を手繰り寄せることができるだろう。

すなわち、「今」有効な組織を考え、組織をアップデートし続けることが、組織戦略を営むことにつながっていくのである。

以上が4つの交点の振り返りであるが、ここには共通点がある。ある現象を目前にして、その現象のどこに着目し、どう解釈し、具体的な次の一手にどうつなげるのか。その思考プロセスと切り口こそがこれら交点の価値であり、目指すべき「営み」へとつながる汎用性なのである。

本書では戦略論を起点にDXとの交点を探った。この試みは、進化が滞っているように見えなくもない戦略論の再活性化につながるのではないだろうか。

提示した思考プロセスと切り口、そして再活性化する戦略論が、DXを推進する皆さんの思考の拠り所の一つとなれば嬉しく思う。

ここまでが、本書の総括だ。

そして、最後は三菱ＵＦＪ銀行 取締役常務執行役員 ＣＤＴＯ 大澤正和氏との対談で締めくくりたい。大澤氏からは、本書のすべての内容に関連する幅広い論点について、経営者の視座から多くの示唆をいただいた。読者の皆さんにとっても読みごたえのあるものであるのは間違いない。

ＤＸの次なる展開に思いを馳せながら、その話に耳を傾けてみよう。

特別対談

株式会社三菱UFJ銀行
取締役常務執行役員 CDTO
大澤正和

×

株式会社ベイカレント・コンサルティング
則武譲二

デジタル部門と事業部門を融合。お客様との距離感を縮め、マスリテール事業を抜本的に変革する

「金融デジタルプラットフォーマー」となるべく、リテールビジネスを起点に全社のDXを推進する三菱UFJ銀行。その実現を目指し、2021年4月、DX推進機能とマスセグメント事業の関連部門を統合し、デジタルサービス事業本部を設立した。


DX推進組織は、局所的な成功を全社的な取り組みへと拡大していく過程で、経営の中枢に潜む課題にぶち当たる。

三菱UFJ銀行は、その課題をどう打ち破ろうとしているのか。

稀有な試行錯誤の裏にある同行の企てに踏み込む。

ビジネスモデルを変えるためには、事業部門との統合が必要と判断

則武　新しく立ち上げられたデジタルサービス事業本部は、日本企業では稀有な組織形態だと思います。デジタルサービス事業本部がどのような組織なのか、その特徴からご説明いただけますか。

大澤　全行的なＤＸの推進を担うデジタル企画ならびにその関連会社と、「マスリテール」と呼ぶ一般の個人のお客様と、「マス法人」と呼ぶ担当をつけていない中小法人を所管する機能を、ＣＤＴＯ（最高デジタルトランスフォーメーション責任者）である私の下に統合した事業本部です。
これまで中堅中小法人、ならびに富裕層を含めた個人のお客様は法人・リテール事業本部が所管していましたが、その中からマスリテールとマス法人を切り出して、我々が所管するようになりました。この顧客セグメントにおいては、顧客責任と収益責任を持ちバジェットも有しています。併せて、もともと担当していた全行的なＤＸの推進・サポート機能も引き続き所管します。

顧客セグメントの縦軸の一つを所管しつつ、DX推進および決済・事務では横軸として組織全体を支えるというL字型の組織になっているのが、大きな特徴です。

則武　事業部門との統合を選択するに至るには、どのような経緯があったのでしょうか。これまでのデジタル組織の変遷を含めてお伺いしたいです。

大澤　以前あったIT事業部、その後のデジタルイノベーション推進部で、2000年の初頭からデジタル技術の活用に取り組んできました。それが2017年5月の組織変更で、名称がデジタル企画部に変わり、コーポレートセンターに編入されました。この変更には、経営企画部とともに経営の中核からDXを推進する狙いがあり、全行的に取り組むという行内へのメッセージでもありました。以後はクイックウィンが望める複数の施策に注力し、例えば住宅ローン事業の構造改革に取り組み、営業から審査や保証、最終的に融資を実行して管理するまでの大きな流れのデジタル化などを行ってきました。今もまだ改革の最中ですが、プロセス全体の自動化などを行い、以前は二千数百人いた業務を1000人程度で運営できる体制に切り替えます。こうした局所的な成功を積み重ね、それを全行的な取り組みへと拡大していこうと試みてきた数年間でした。

IT事業部からデジタルイノベーション推進部、その後のデジタル企画部まで、独立したデジタル組織が存在した期間は、全行的なDXを進めていくにあたり必要な過程であったと思います。その立ち位置は、事業会社によく存在していた国際部門をイメージするとわかりやすいかもしれません。全社員が英語に堪能でグローバル化していれば国際部門など不要ですが、最初からそうはいきません。デジタルも同じで、各種の知見とマインドセットを全行員が短期的に持つことは難しいため、DXの推進機能が特定部署として切り出されていたわけです。

則武　DXを図る際には、今どのようなビジネスモデルで、それがどう変わろうとしていて、その変化の意味を理解して、そこに正しくデジタル技術を当てていける。そんな人材が必要です。そういった人材が育つ土壌として、独立したデジタル組織は意義があったと思います。独立しているがゆえに、様々な部門を外から見ることができるので、ビジネスモデルの進化の必要性と可能性を俯瞰的に捉える力が養われるからです。

大澤　その通りです。ただ、経営企画部の真横に位置付けられたとは言え、業務とシステム

大澤正和氏　株式会社三菱UFJ銀行　取締役常務執行役員 CDTO

をＥｎｄ to Ｅｎｄでトランスフォームしていくことは非常に難しい。お客様担当、商品担当、事務プロセス担当、システム担当など多くの部署がプロセスの部分部分を所管する一連の業務とシステムを、整合性を担保しながら変えていかねばならない。こういうケースでは、ＤＸ推進部署がタクトを振ったからといって皆がそれに従うほど物事は単純ではありません。

また、ビジネスモデルの進化という観点で言っても、多くの部署が関わる中で新たな損益構造をつくっていかねばならないとしても、こちらもデジタル企画部が働きかけたからといって、そんなに簡単に物事が進むわけでもない。

このような壁にぶち当たっていたのが、事業部門との組織統合の背景です。

則武　ビジネスモデルの進化や、分断されている業務やシステムをＥｎｄ to Ｅｎｄで変えていくうえで、組織統合により横断的な意思決定を可能にすることは、確かに有効だと思います。一方で、他社ではデジタル部門が、経営企画部門やＩＴ部門と融合する事例も見受けられます。


大澤　経営企画部門との融合は、デジタル化の内容次第では合理的です。特に業務効率化を組織横断で進めていく際には有効でしょう。経営企画部が中心となって立ち上げた組織横断の業務効率化プロジェクトチームに、我々も参画しています。

しかし、経営企画の立ち位置では、お客様との距離がどうしても遠くなってしまう。お客様が今、何を考えているかは、日々接点を持っている事業本部でなければわからない。経営企画部門とデジタル部門の融合は、お客様に届けるサービスのＤＸを加速したい場合には、必ずしもベストの選択肢ではないと思っています。

同じように、デジタル部門がＩＴ部門と融合するかたちも、フロントサービスとの距離感がどうしても出てしまいます。

何がベストかは我々にもまだわかりませんが、我々はデジタル部門とマスリテール関連部門の融合によって、お客様と近い距離で試行錯誤を高速で回転させたいと考えています。

マスリテール事業をＤＸし、「お客様との距離感」と「損益構造」を変える

則武　事業部門との統合の背景をお話しされる中で、お客様との距離感というワードに触れられました。それが今回、デジタル部門の統合先としてマスセグメント、特にマスリテール事業を選択されたことと大きく関係しているのだと推察します。マスリテール事業に狙いを定められた理由はどこにあったのでしょうか。

大澤　デジタル技術を活用してビジネスモデルの転換をドラスティックに行う必要があるセグメントで、ＤＸの推進機能を統合させる意義が最も大きかったからです。例えば、個人のお客様は、店舗に出向いて資産運用の相談をしたり保険を購入したりするよりも、スマホやＰＣで取引ができる環境を好む傾向が顕著になって来ています。コロナ禍で、それがさらに加速しました。

同時に、サービスもマスプロモーション的なものから、データ解析を通じてパーソナライズされたものに変えていかねばならない。これらを実現する新しいビジネスモデルは、デジタル技術との親和性が高い。

一方で、大企業との取引などはプロジェクトの規模も大きく、Face to Faceで詰めなければいけない諸条件もあり、すべてをデジタル化できない。また、個人でも富裕層のお客様は営業員による個別対応を要するニーズが多く、人の介在が避けられません。

則武 個人のお客様の行動変容の観点に加えて、将来の不安に応えるというのもマスリテール事業変革の大きな意義だと思います。

大澤 今の日本には、将来の収入や年金に不安を覚えている人がたくさんおり、その人たちに対してスピーディーかつ最適なチャネルでサービスを提供できるかが、金融機関に問われています。
これらの背景があり、マスリテール事業をデジタル技術で一気に変えていきたいと考えました。

則武 マスリテール事業を、デジタルチャネルを中心とした新たなビジネスモデルへ転換していくと、損益構造をはじめとする多くが抜本的に変わります。中でも何が大きく変わるのだとお考えでしょうか。

大澤　ご指摘の損益構造と、本部とお客様の距離感です。

まず、粗利やコストなどの損益構造は特に大きく変わる点です。例えばこれまでは、有人店舗の窓口にいらっしゃるお客様の様々な取引に対応する際、多くのコストがかかっていました。対応する行員の人件費や、店舗の土地・建物そして機械設備などのコストです。一方、デジタルサービスの場合はチャットボットなどのデジタルプラットフォームへの投資・保守運用や電話対応などでの取引コストとなり、損益構造がまるで違ってきます。

この損益構造の変化を意識しながら、どう採算に乗せていくか。組織として、この能力が強く求められてきます。

そして、もう一つの大きな変化が本部とお客様の距離感です。お客様のニーズに応えていくという点は有人店舗を主体とするビジネスモデルと変わりはありませんが、商品企画や事務プロセスを受け持つ行員たちとお客様との距離は、デジタルチャネルへのシフトによってぐっと近くなります。間にいる営業店がなくなって、本部とお客様がダイレクトにつながるからです。

例えば、インターネットバンキングである『三菱UFJダイレクト』には毎月600万件以上のアクセスがあります。これはお客様のご来訪そのものと言えます。残高を確認する人、振り込みをする人、投資信託を買う人など、インターネットバンキングのユースケースは様々ですが、このお客様は次にこんなことをされるのではないかと高速で解析し、これからは対応していく必要があります。

このように、お客様のニーズにビビッドに応えられるようになることの意義は大きい。いずれも、もともと有人店舗を持たないネットバンクでは常識的なことだと思いますが、長年、有人店舗を主体に考えて来たメガバンクにとってマインドセットの転換は容易ではありません。それでも、急速に転換していかねばならないのは明らかです。

則武　新しい組織では収益責任とバジェットを持ち、事業本部という縦の軸として立ったことに大きな意味があると思います。事業本部に属する行員の方々が、自分たちの損益構造がどう変化しているのか、今後どう変化しようとしているのかを目の当たりにし、数字の意味を以前より考えるようになるはずです。

デジタルサービスでは本部が現場。この切り替えをなんとしても成し遂げる

則武 組織統合のもう一つの狙いとして、デジタル企画部で培ってきた思考・行動様式を、DXが必要なマスリテール関連部門へ埋め込むことがあったのではないかと推察します。これまでの部門の良さを生かしつつ、そこへ新たな血を注入していくという意味合いです。どのような思考・行動様式の埋め込みを狙ったのでしょうか。

大澤 お客様のことをダイレクトに考え、スピーディーに変えていくことに尽きます。例えば、eコマース企業は物理的な有人店舗を持ちませんが、eコマースの周辺に様々な付加サービスを配置して、お客様の回遊状況を日々解析しています。全国に営業店がないにもかかわらず、何十万人というお客様が毎日、店舗に来られているのと同じ状態をつくって、本社自体がお客様と対峙する現場になっています。電話やメールなどお客様とのコミュニケーションチャネルは複層化していますが、どれも非対面でFace to Faceではありません。我々もそうした現場感覚とマインドセットを持つ必要があります。

我々デジタルサービス事業本部では、商品・事務などの業務の管理・運営に携わっている本部行員が1000人強います。私がいつも皆にお願いしているのは、自分たちが現場だという感覚を持つことです。もちろん今後も有人店舗での対応はなくなりませんが、オンラインで取引したいというお客様が加速度的に増えている中、「現場は本部である」というマインドセットに早く切り替えたい。これまで当行では、有人店舗が主体で、インターネットバンキングはこれを補完するもの、という考え方が支配的でしたので、これをひっくり返すということです。オンラインのトランザクションから、よりパーソナライズされたお客様のご意向を判断し、解析しながら即座に対応していく。これまでのビジネスモデルからの脱却を意味するものです。

則武　今のお話をお聞きして、各業界で「現場」をもう一度きちんと定義し

直す必要性を感じました。というのも、お客様の生の声をきちんと把握して、そこにソリューションを当て、困りごとを解決する場が現場だと定義すると、それがデジタルサービスであればオンラインという離れた場所になり、店舗などリアルな接点がないとできない業界はそこが現場であり続ける。その「現場」の定義が、そのままビジネスモデルに跳ね返るように思います。

大澤

その通りです。ただ、「みんなそうなれよ」と言っただけでできるほど簡単ではありません。本部組織のあり方についても、一層の工夫が必要です。アプリの構築一つをとっても、アジャイル型の開発はまだ途上であり、お客様の反応を見ながら臨機応変にUI／UXを変えていくというやり方は浸透していません。システム・アーキテクチャーの柔軟性や、リスク・コンプライアンス部署などのスピード対応もなければ、高速でデジタルチャネルを改修していくことはできません。さらに、DX施策を推進・運営するプロジェクトチームのあり方、こうしたチームへのエンパワーメントのあり方も変えていく必要がある。きょうのお客様の反応を見ながら、明日どうするかを考えるとき、各レイヤーの承認がいちいち必要だと対応できない。組織のあり方、働き方そのものも変えていかなければならないということだと思っています。

人材育成も簡単に進むものではありません。今回、デジタルサービス事業本部に集まった人たちが皆ＤＸ人材かというと、そういうことでもありません。ＤＸ人材の理想を言えば、ＡＩやクラウドなどのデジタルツールの知識だけでなく、さきほど申し上げたビジネスモデルの変化をつくれる人材、つまり粗利とコストの生じ方を根本的に変えるトランスフォーメーションを構想し、実現できる人材だと思います。ただ、ＤＸ人材を構成する要素が、デジタルツールの知見、ビジネスモデル企画、プロジェクトマネジメントなど多岐にわたっているとしても、人それぞれ託されたミッションに応じて必要なスキルは異なります。いらないものも当然あり、優先順位も変わってきます。それぞれのファンクションにおいて最も必要とされるものを優先的に学べる体制をつくり、地道にＤＸ人材の裾野を広げていくことがマネジメントに求められています。

則武　エンパワーメントやアジャイル型の働き方の実現には、トップマネジメントのリーダーシップが重要になってきそうです。

大澤　ＤＸの推進体制は業種を問わず悩ましい問題だと思います。営業を推進する事業本部や、これを牽制する多数の内部管理部署を含む全社組織に対して指揮権を持つ人が、企業が直面している環境変化と課題を見極め、お客様のニーズの変化に即応するために最適なＤＸ推進体制を構築していく必要があります。そうしたトップマネジメントのリーダーシップがＤＸ推進の最大のキーではないかと思います。

則武　組織の体制や制度は、人材に活躍してもらうための枠組みであるべきです。エンパワーメントのようなものは、現場から変えていくことには限界があります。上の立場の方々のリーダーシップで、組織の中で皆が生き生きと動ける環境を整えていただきたいです。

大澤　上からの働き掛けの重要性は言うまでもありませんが、ボトムアップの動きも大事です。業務の現場がわかっていないとＤＸは進まない。業務には標準的なものだけでなく、イレギュラーもたくさんあります。イレギュラーなものも含め、すべての業務を見える化できていないと、いくら上が指示を出したところで効果的なＤＸにつながらない。例えば、今は行内の事務センターがデジタルサービス事業本部の中に属しているのですが、そこでの詳細な事務プロセスの可視化はＤＸの基礎を成します。将来の目指す姿が今のプロセスそのままではないとしても、改革の起点は常に今のプロセスだということです。そのために、様々な事務を担当している人たちにもＤＸの重要さをしっかり理解してもらわなければいけません。一人ひとりの意識が高まって初めて、組織的なＤＸのスピードが上がります。

私は新しい事業本部になってから、トップからだけでなく現場からの意識改革が重要であるということも言い続けています。これからもその考えは変わらないでしょう。

profile **大澤正和**（おおさわ・まさかず）

株式会社三菱UFJ銀行 取締役常務執行役員
デジタルサービス部門長兼CDTO
1991年、東京大学法学部卒業。同年、三菱銀行（現三菱UFJ銀行）入行。2006年、シカゴ大学ロースクール卒業。入行後、コーポレートバンキング、M&A、個人取引などに国内・海外にて従事。2008年のモルガン・スタンレー宛出資、2013年のアユタヤ銀行の買収・統合に参画。2017年より銀行およびMUFGのデジタル戦略を所管。2020年4月にChief Digital Transformation Officer、2021年4月にデジタルサービス部門長に就任。

謝辞

本書を結ぶにあたり、執筆を支えてくださった多くの方々に感謝を申し上げたい。

まず、「戦略論とDXの交点」の着想のきっかけとなった問題意識や、交点を探るうえでの数々のインサイトは、クライアントの方々なくしては生まれることはなかった。DXの推進を日々ご一緒させていただく中で、DXの成果と課題の最前線・最先端を経験させていただくことが、大きな触発となり糧となっている。改めて感謝を申し上げるとともに、引き続きご指導いただければ幸いである。

そして何より、対談のオファーをご快諾いただき、先進企業として極めて得難く奥深い示唆を与えてくださった株式会社JERA 奥田久栄氏、アフラック生命保険株式会社 二見通氏、株式会社三菱UFJ銀行 大澤正和氏の3氏に、格別の感謝を申し上げたい。本書の内容に関する幅広い論点について、経営者の視座から多くの糸口をご提示いただいた。

さらには、弊社コンサルタントにも支えられた。多忙なクライアント支援の合間に対談に向けた討議をサポートしてくれた黒木健功氏、本書執筆に向けた研究活動に力を注いでくれた高木翔平氏、勝林優斗氏には大きく助けられた。感謝を伝えたい。

また、本書上梓の機会をつくり、企画段階から多くのアドバイスをくださった東洋経済新報社の清末真司氏、平良由紀子氏、折野美佳氏に心から感謝を申し上げる。
最後に、この旅がひとまずの終わりを迎えるまで温かく見守り、応援し続けてくれた共同執筆者のご家族にも感謝の意を表したい。

2021年7月

ベイカレント・コンサルティング　代表取締役社長　則武譲二

●カール・ベネディクト・フレイ, マイケル・A・オズボーン(2013年) "THE FUTURE OF EMPLOYMENT: HOW SUSCEPTIBLE ARE JOBS TO COMPUTERISATION," *Technological Forecasting and Social Change,* Vol.114.

●土屋哲雄(2020年)『ワークマン式「しない経営」――4000億円の空白市場を切り拓いた秘密』ダイヤモンド社

●ジョン・ヘーゲル3世、マーク・シンガー (2000年)「アンバンドリング:大企業が解体されるとき」ハーバード・ビジネス・レビュー 2000年5月号

●「持続的成長のための管理会計③」コベルコシステムコーポレートサイト https://www.kobelcosys.co.jp/sp/column/monozukuri/20160901_2/ (2021年5月1日最終閲覧)

●クリス・アンダーソン(2012年)『MAKERS 21世紀の産業革命が始まる』NHK出版

●奥瀬喜之(2020年)「デジタル化時代のプライシング」組織科学2020年54巻2号

●稲盛和夫(2000年)『稲盛和夫の実学―経営と会計』日本経済新聞出版

●R・F・ラッシュ、S・L・バーゴ(2004年) "Evolving to a New Dominant Logic for Marketing," *Journal of Marketing,* Vol.68 / (2006年) *The Service-Dominant Logic of Marketing,* Routledge.

●藤川佳則、阿久津聡、小野譲司(2012年)「文脈視点による価値共創経営:事後創発的ダイナミックプロセスモデルの構築に向けて」組織科学2012年46巻2号

●シドニー・G・ウィンター、リチャード・R・ネルソン(2007年)『経済変動の進化理論』慶應義塾大学出版会

●J・A・シュンペーター (1977年)『経済発展の理論―企業者利潤・資本・信用・利子および景気の回転に関する一研究〈上〉』岩波書店

●カール・E・ワイク(2001年)『センスメーキング イン オーガニゼーションズ』文眞堂

●エドガー・H・シャイン(2012年)『組織文化とリーダーシップ』白桃書房

参考文献

●マーク・ジョンソン（2011年）
『ホワイトスペース戦略 ビジネスモデルの〈空白〉をねらえ』CCCメディアハウス

●「2020年度 第3四半期連結業績概要」ソニーコーポレートサイト
https://www.sony.com/ja/SonyInfo/IR/library/presen/er/pdf/20q3_sonyspeech.pdf（2021年6月1日最終閲覧）

●H・I・アンゾフ（1985年）『企業戦略論』産業能率大学出版部

●「有価証券報告書（2020年3月期）」富士フイルムホールディングスコーポレートサイト
https://ir.fujifilm.com/ja/investors/ir-materials/securities-reports/main/019/teaserItems1/0/linkList/0/link/ff_sr_2019q4_allj.pdf
（2021年6月1日最終閲覧）

●「有価証券報告書（2019年12月期）」ブリヂストンコーポレートサイト
https://www.bridgestone.co.jp/ir/library/securities/pdf/101.pdf
（2021年6月1日最終閲覧）

●三谷宏治（2013年）『経営戦略全史』ディスカヴァー・トゥエンティワン

●入山章栄（2019年）『世界標準の経営理論』ダイヤモンド社

●大薗恵美、小野正誉「株式会社トリドールホールディングス 丸亀製麺事業（株式会社丸亀製麺）」PORTER PRIZE
https://www.porterprize.org/pastwinner/2020/12/07140000.html
（2021年6月1日最終閲覧）

●大薗恵美「株式会社ワークマン」PORTER PRIZE
https://www.porterprize.org/pastwinner/2019/10/25174336.html
（2021年6月1日最終閲覧）

●「コマツ 建設機械・車両事業」PORTER PRIZE
https://www.porterprize.org/pastwinner/2011/12/02141549.html
（2021年6月1日最終閲覧）

●オリヴァー・ガスマン、カロリン・フランケンバーガー、ミハエラ・チック（2016年）
『ビジネスモデル・ナビゲーター』翔泳社

●中尾隆一郎（2018年）『最高の結果を出すKPIマネジメント』フォレスト出版

【著者】
ベイカレント・コンサルティング

則武譲二（のりたけ　じょうじ）　代表取締役社長
ボストン コンサルティング グループ、大手IT企業を経て現職。主に、全社・事業戦略の策定、DX、新規事業の立ち上げ、マーケティング・営業改革などのテーマに従事。DXに関するコンサルティング、研究活動、人材開発などの全体を統括。デジタル・イノベーション・ラボの室長も務める。主な著書に『データレバレッジ経営』（共著／日経BP社）、『Think!別冊 DXの真髄に迫る』（共著／東洋経済新報社）などがある。

田中正吾（たなか　しょうご）　執行役員
ITコンサルティングファームを経て現職。金融、製造、通信などの業界を中心に、戦略立案から実行支援まで多様なテーマに従事している。特に、業務改革やデジタル・IT改革など、クライアントの全社的変革の牽引を得意とする。主な著書に『日本企業の進化論』（共著／翔泳社）、『Think!別冊 DXの真髄に迫る』（共著／東洋経済新報社）などがある。

橋本航（はしもと　こう）　マネージングディレクター
大学卒業後、現職。エネルギー、製造、通信、ハイテク、メディアなどの業界を中心に、成長戦略、新規事業立ち上げ、グローバル展開、M&A・アライアンス、DXなどのプロジェクトをリード。主な著書に『デジタルトランスフォーメーション』(共著／日経BP社)などがある。

小峰弘雅（こみね　ひろまさ）　デジタル・イノベーション・ラボ所属
大手IT企業などを経て現職。製造、金融、通信、メディア、公共などの業界を中心に、AIを活用した新規事業の立ち上げ、業務改革などのテーマに従事している。日本ディープラーニング協会の活動にも参画。ベイカレント・コンサルティングのAI人材開発も担当。主な著書に『データレバレッジ経営』（共著／日経BP社）、『Think!別冊 DXの真髄に迫る』（共著／東洋経済新報社）などがある。

加藤秀樹（かとう　ひでき）　デジタル・イノベーション・ラボ所属
大学卒業後、現職。金融、製造などの業界を中心に、DX、CX向上、新規サービス立ち上げなどのテーマに従事。企画立案から実行まで、幅広いフェーズの支援を主導。特に、CXを起点としたサービス、オペレーション、組織の構築を得意とする。主な著書に『Think!別冊 DXの真髄に迫る』（共著／東洋経済新報社）などがある。

【執筆協力】
金澤佑依（かなざわ　ゆい）　デジタル・イノベーション・ラボ所属
御船崇優（みふね　たかひろ）　デジタル・イノベーション・ラボ所属
遠藤理沙（えんどう　りさ）　デジタル・イノベーション・ラボ所属

【監修】
ベイカレント・コンサルティング
DX支援を核とする日本発の総合コンサルティングファーム。戦略、オペレーションからITまで幅広い領域をカバーし、日本のリーディングカンパニーが抱える課題解決を支援している。
「デジタルトランスフォーメーション（DX）」という言葉が世の中に浸透する前から、DXを成し遂げるための道筋を日本企業に対して指し示してきた。

戦略論とDXの交点
DXの核心を経営理論から読み解く

2021年8月12日　第1刷発行
2024年11月1日　第7刷発行

監　修——ベイカレント・コンサルティング
著　者——則武譲二 他
発行者——田北浩章
発行所——東洋経済新報社
〒103-8345　東京都中央区日本橋本石町1-2-1
電話＝東洋経済コールセンター　03(6386)1040
https://toyokeizai.net/

ＤＴＰ…………近代美術
印刷・製本……近代美術
装丁……………高橋 快（トリゴニアデザイン）
Printed in Japan　　ISBN 978-4-492-96192-6